U1012150

中等职业教育国家规划教材配套辅导用书

税收基础习题与实训

（第5版）

主　编　李玉明　王继红

中国财经出版传媒集团
中国财政经济出版社

图书在版编目（CIP）数据

税收基础习题与实训 / 李玉明，王继红主编．--5版．--北京：中国财政经济出版社，2020.12（2024.8重印）
中等职业教育国家规划教材配套辅导用书
ISBN 978-7-5223-0052-8

Ⅰ.①税… Ⅱ.①李… ②王… Ⅲ.①税收管理-中国-中等专业学校-教学参考资料 Ⅳ.①F812.423

中国版本图书馆 CIP 数据核字（2020）第 176598 号

责任编辑：田明晖　赵天天　　　　责任校对：李　丽
封面设计：华乐功

中国财政经济出版社 出版
URL：http://www.cfeph.cn
E-mail：cfeph@cfeph.cn
（版权所有　翻印必究）
社址：北京市海淀区阜成路甲 28 号　邮政编码：100142
营销中心电话：010-88191522
天猫网店：中国财政经济出版社旗舰店
网址：https://zgczjjcbs.tmall.com
北京密兴印刷有限公司印刷　各地新华书店经销
成品尺寸：185mm×260mm　16 开　8.25 印张　197 000 字
2020 年 12 月第 5 版　2024 年 8 月北京第 3 次印刷
定价：20.00 元
ISBN 978-7-5223-0052-8
（图书出现印装问题，本社负责调换，电话：010-88190548）
本社质量投诉电话：010-88190744
打击盗版举报热线：010-88191661　QQ：2242791300

第5版前言

本书是中等职业教育国家规划教材《税收基础》（第5版）的配套辅导用书。培养优质、实用的职业技能人才，是国家大力发展职业教育的目标。针对会计专业学生的培养目标、知识结构、职业能力和就业方向，为了帮助学生理解和掌握教材内容，我们编写了《税收基础习题与实训》（第5版）。本教材具有以下特点：

第一，重在启发、引导。本书遵循“以就业为导向”的职业教育教学指导思想，注重培养学生对涉税事务的处理能力，帮助学生理清头绪，启迪思维，力求比较完整地掌握税收的基本原理及实务操作知识，提高理论联系实际的综合运用能力。

第二，内容精练、实用。依据教材的内容，但尽量不重复教材中已讲述清楚的问题，而是结合我们多年的教学经验及实际应用需要，指出学习的重点，并对教材中的疑难点进行解析，使学习达到事半功倍的效果。

第三，形式灵活、多样。本书分重点与难点、学习要求及注意事项、同步练习和实训四个部分，主要有填空题、单项选择题、多项选择题、判断题、问答题、实训题等。本书尽量减少单纯识记的题目，增加实训的内容，有利于调动学生的积极性，激发积极思维，提高实际操作能力。本书附教材课后习题参考答案，有利于学生对教材内容的掌握与巩固。

本书可作为中职会计、税务、财政、审计、财务管理、资产评估和证券投资等专业学习“税收基础”的辅导用书，也可作为初级会计职称考试辅导教材和企业经营管理人员熟悉税收法律、法规的参考用书。

本书由嘉兴职业技术学院教授李玉明、白城市行政学院王继红副教授担任主编。李玉明负责执笔第一章、第二章、第三章、第四章、第五章、第六章；

常州纺织职业技术学院教授袁淑清执笔第七章、第八章；白城市行政学院副教授王继红执笔第九章、第十章。全书由李玉明总纂定稿。

由于时间仓促和编者的水平所限，书中难免存在差错和不足，敬请广大读者批评指正。

编　者

2020年8月

目录

第一章

税收的含义与特征

一、重点、难点

（一）本章重点

税收的概念、纳税人为什么缴税、政府为什么收税。

（二）本章难点

税收的特征、税收与其他财政分配形式的区别。

二、学习要求及注意事项

本章包括税收概述和税收特征两个部分，是本学科的入门知识。在学习过程中要求学生了解日常生活中的税收现象，增强感性认识。学生要理解税收是一个古老的财政范畴以及税收存在的必要性，进而明确税收的特征，能辨别税收与其他财政分配形式的区别。

本章以理论为主，主要利用基本教材进行学习，掌握税收的基本概念和基础理论问题，同时配合本辅导书中的相关内容加深理解。

本章在整个国家税收课程中占有重要的位置，是学习税收这门学科最基础的入门知识。对初学者来说，掌握税收的概念、税收的特征，充分理解税收与规费、举债、货币发行等其他财政收入的不同之处，加深对税收一般规律的认识，能够为学习国家税收课程以后章节打下良好的基础。应结合现实生活中的例子进行学习，提高知识性和趣味性。

（一）税收的概念

对税收怎样定义，中外税收学界众说纷纭，教材只归纳了我们认为较恰当、较全面的表述。由于对税收定义表述，各有理由、各具特色，所以不能绝对强求一律。对税收概念的理解，可以从以下六个方面进行：

1. 税收属于分配的范畴

通过国家征税引起社会产品在社会成员与国家之间以及不同社会成员相互之间的转移和占有比例的变化，改变了社会产品原有的分配结构，形成了一种新的社会产品占有、支配和使用结构。

2. 税收分配的主体是国家或政府

税收分配关系是国家凭借政治权力、通过立法程序确立的；分配过程是由国家通过财政税务部门集中进行的；分配结果是通过国家与社会成员之间的分配关系体现的；国家通过征税集中起来的一部分公共资源，按照公共需要在全社会范围内进行集中性分配使用。

3. 税收分配的对象是一部分社会产品

社会产品只有足额扣除了用于补偿生产过程中物化劳动和活劳动的消耗后，才能生成纳税能力，所以，税收分配的对象是社会剩余产品或剩余价值。

4. 税收分配的依据是国家政治权力

税收同劳动工资、地租、商业利润、资本利息等一般意义上的分配不一样，税收分配的依据既不是生产资料所有权，也不是劳动力所有权，而是国家的政治权力。

5. 税收分配的目的是为了提供公共品，满足社会的公共需要

市场机制不能提供为满足公共需要的公共产品和服务。所以，政府通过征税来保证全体国民对于各类公共产品和服务的需要。

6. 税收是国家调节经济的重要手段

由于税收是超经济的分配或特定分配，所以，政府可以借助于税收这一重要经济杠杆来弥补市场机制的缺陷。税收成为现代市场经济国家用来调节经济运行、公平收入分配和诱导资源流动的一个重要经济手段。

（二）税收的特征

学习这一问题，关键是要掌握税收三性的含义和理解税收三性的意义，税收三性是税收区别于其他财政收入形式的关键：

1. 强制性

税收的强制性是指国家凭借政治权力并运用法律、法规的形式加以规定和征收的，是税收同公债收入、规费收入、公有财产收入等财政收入形式的最显著的区别。需要注意的是，强制性也不只是要求纳税人必须依法纳税，对征税机关来说，税收也是强制的。

2. 无偿性

税收的无偿性是指国家征税后，税款即成为财政收入，不再归还纳税人，也不支付任何报酬。但税收相对于具体的纳税人有间接的偿还性。

3. 固定性

税收的固定性是指在征税之前，以法的形式预先规定了课税的方法和标准。税收的固定性与我们日常所说的固定性是不一样的，对二者进行比较讲解，更有利于学习掌握。

税收的三个特征是相互联系、密不可分的，正是这三个基本特征，才使得税收成为财政收入的最主要的组成部分。

三、同步练习

（一）名词解释

1. 税收

2. 税收的无偿性

3. 税收的强制性

4. 税收的固定性

（二）填空题

1. 税收是国家凭借________取得财政收入的一种工具。
2. 税收的本质是________。
3. 对于社会产品的分配，要依靠一定的权力，即________和________。
4. 税收的三性是指________、________和________。
5. 税收是国家以________的身份，依靠国家政治权力进行的分配，上交利润是国家以________身份，依据财产权力对国有企业收入进行的分配。
6. 税收与公债的区别在于公债具有________。

（三）单项选择题

1. 税收作为取得财政收入手段，属于(　　)。

A. 生产范畴　　B. 交换范畴

C. 分配范畴　　D. 消费范畴

2. 税收是凭借(　　)取得财政收入的一种形式。

A. 国有资产所有权　　B. 国家对纳税人提供的服务

C. 政治权力　　D. 人权

3. 国家对(　　)具有偿还的义务。

A. 税收　　B. 货币财政发行

C. 国债　　D. 规费收入

4. 税收是通过(　　)来发挥税收调节职能。

A. 调整经济利益关系　　B. 增加企业收入

C. 制止某种经济行为　　D. 冻结资金流动

5. (　　)是税收的预征。

A. 税收　　B. 规费
C. 企业收入　　D. 国债

6. 上交利润不同于税收，是按(　　)缴纳。
A. 经营成果　　B. 政治权力
C. 法律　　D. 经济成分

7. 税收采取的是(　　)方式。
A. 强制征收　　B. 有偿筹集
C. 自愿缴纳　　D. 自愿认购

8. 在社会主义条件下，(　　)是国家取得财政收入的主要手段。
A. 规费　　B. 国债
C. 货币财政发行　　D. 税收

9. 在以下财政收入形式中，(　　)只适用于全民所有制经济。
A. 税收　　B. 规费
C. 上交利润　　D. 国债

10. 税收是由(　　)收取的无偿性收入。
A. 税务机关　　B. 司法机关
C. 财政机关　　D. 公安机关

11. 国家征税的目的在于(　　)。
A. 为了制止违法行为的发生　　B. 增加企业收入
C. 减少货币发行　　D. 筹集必要的资金

12. 税收分配的对象主要是(　　)。
A. 一部分社会产品　　B. 剩余产品
C. 国内生产总值　　D. 补偿价值

(四) 多项选择题

1. 税收的含义具体包括(　　)。
A. 税收是国家按照法律规定对社会产品进行的无偿分配
B. 税收是国家取得财政收入的基本形式
C. 税收是具有三性特征的收入形式
D. 税收是调节经济的重要经济杠杆
E. 税收是一种货币流通形式

2. 税收具有(　　)的基本特征。
A. 自愿性　　B. 无偿性
C. 固定性　　D. 强制性
E. 规范性

3. 下列收入形式中具有强制性的有(　　)。
A. 货币财政发行　　B. 税收
C. 国债　　D. 规费
E. 罚没收入

4. 在社会主义条件下，国家对(　　)征税具有强制性。

A. 国有企业　　B. 个体工商户
C. 个人　　D. 股份制企业
E. 私营企业

5. 下列(　　)属于财政收入形式。

A. 税收　　B. 国债
C. 规费　　D. 上交利润
E. 货币财政发行

(五) 判断题

1. 税收是凭借生产资料的占有权来取得收入的。(　　)
2. 国家征税既可依据政治权力，也可依据财产权力。(　　)
3. 在社会再生产过程中，税收属于分配范畴。(　　)
4. 征税的目的是为了满足统治阶级的生活需要。(　　)
5. 在社会主义条件下，公债成为国家取得财政收入的主要形式。(　　)
6. 税收比上交利润更具有稳定性。(　　)
7. 税收的三性仅是指在资本主义及社会主义条件下税收的基本特征。(　　)
8. 在税法规定的范围内，任何单位和个人都必须依法纳税，否则，将受到法律制裁。(　　)

(六) 问答题

1. 简述税收的定义。

2. 税收有哪些特征？各特征之间关系如何？

3. 我们反对资本主义国家的苛捐杂税，那么，我们社会主义国家又为什么要征税？

第二章

税收要素与分类

一、重点、难点

（一）本章重点

征税对象与计税依据的区别；纳税人与扣缴义务人之间的关系。

（二）本章难点

比例税率；定额税率；累进税率；超额累进税率的速算扣除法。

二、学习要求及注意事项

本章的学习需要面对两个问题：税收要素与税收分类。本章是全书最基础的知识之一，对初学者而言，税率的计算比较复杂，掌握有一定困难。在学习时，主要利用教材及学习辅导书中的相关内容进行掌握与练习，应注意深入浅出，注重实例，课后要认真复习，熟记法规，多做练习。

（一）税收要素

税收要素具体规定在什么情况下对什么征税、由谁交纳、征收多少、什么时间交纳以及不依法交纳怎么办等问题，这些问题都有相应的税收术语，出现许多名词，这是学习以后各章的入门工具，都必须掌握。其中较为重要的是征税对象及其相关术语、三种税率形式及其运用、减免税的实质及其形式。

学习这部分内容要注意：一般认为，税制由征税对象、纳税人、税率、纳税环节、纳税期限、减税免税和违章处理七个要素构成，但随着税收法制的健全和完善，以及税法严肃性的进一步加强，减免税权的高度集中，或一些税种优惠条款的取消，减免税能否作为一个税制构成要素存在，这个问题可以进行研究和探讨。这里对其中几个重要的要素进行分析：

征税对象是税法最基本的要素，是一种税区别于另一种税的主要标志。要注意区分与征税对象相关的概念，如税源、税本等，要理解它们与征税对象的不同之处。

纳税人是纳税的主体。要注意区分两个概念：扣缴税款义务人和负税人。

税率是计算应纳税额的基础，我国现行税率主要有三种形式：比例税率、累进税率、定额税率。税率在税制要素构成中相当重要，是学习的重点，但教材中并没有大量的、具体的论述，只是作了一般知识性的介绍。在学习中，应理论联系实际，将税率问题学透，必要时结合现行税制超前学习，不能局限于教材。

（二）税收分类

按照不同的标准，我们将税收进行五种分类。其中按征税对象分类是最主要的方法。不仅要了解这些分类，还要知道各种分类的实际意义。比如，按征税对象分类，有利于自觉利用各类税种的不同特点，合理设计税制结构，以充分发挥它们各自在组织收入和对国民经济调节方面的特殊作用；划分中央税、地方税与中央地方共享税，有利于明确职责分工，充分调动两套征收机关组织税收收入的积极性，并有利于分级财政的确立等。

学习这部分内容要注意：在本章中，税收分类既不是重点，也不是难点，但不是说它不重要。实际上税收分类的一般方法中有许多概念是相当重要的，不仅知识性强，而且具有现实意义，是从事税务或其他经济工作必须知道的东西。

三、同步练习

（一）名词解释

1. 税收要素

2. 征税对象

3. 纳税人

4. 税目

5. 税率

6. 比例税率

7. 累进税率

8. 定额税率

9. 纳税期限

10. 偷税

11. 抗税

12. 从价税

13. 从量税

14. 直接税

15. 间接税

（二）填空题

1. 税收三要素是指________________、________________、________________。

2. ________________是税法最基本要素。

3. ________________属于征税目的物的规定，是一个税种区别于另一个税种的主要标志。

4. ________________是计算税额的尺度，是国家税收政策的具体体现，是税收制度的中心环节。

5. 我国现行税率分为________________、________________和________________三种。

6. 累进税率的形式又可分为________________和________________两种。

7. 按计税依据对税收进行分类，可分为________________、________________。

8. 按税收收入的归属权对税收进行分类，可划分为________________、________________、________________。

9. 按税负是否转嫁对税收进行分类，可分为________________和________________。

10. ________________是按全额累进方法计算的税额减去按超额累进方法计算的税额的差额。

（三）单项选择题

1. 负有代扣代缴义务的单位、个人是（　　）。

A. 实际负税人　　B. 扣缴义务人

C. 纳税义务人　　D. 税务机关

2. 从价计征的税收，以（　　）为计税依据。

A. 重量　　B. 数量

C. 计税金额　　D. 体积

3. 纳税环节的选择主要是对（　　）的征税而言的。

A. 农业所得　　B. 商品流转额

C. 特定行为　　D. 财产

4. 纳税期限是税收（　　）在时间上的表现。

A. 强制性和固定性　　B. 权威性和固定性

C. 无偿性和强制性　　D. 强制性和返还性

5. 一个征税对象同时适用几个等级的税率的税率形式是(　　)。

A. 定额税率　　B. 全额累进税率

C. 超额累进税率　　D. 行为

6. 在征税对象的全部数额中，免予征税的数额称为(　　)。

A. 起征点　　B. 免征额

C. 免予额　　D. 减税额

7. 在采用定额税率时，计税依据一般采用(　　)。

A. 实物形式　　B. 货币形式

C. 价值形式　　D. 比例税率

8. 在特定税种中多征一部分税款称为(　　)。

A. 加成　　B. 加征

C. 附加　　D. 综合负担

9. 在累进级距临界点附近，(　　)可能出现税负增加超过应税所得额增加的不合理现象。

A. 超率累进税率　　B. 超额累进税率

C. 比例税率　　D. 全额累进税率

10. (　　)的特点是税率不随着征税对象数额的变动而变动。

A. 边际税率　　B. 定额税率

C. 累进税率　　D. 比例税率

11. (　　)类是我国现行税制的最大一类税收。

A. 流转税　　B. 所得税

C. 财产税　　D. 行为税

12. 下列税种中属于直接税的是(　　)。

A. 消费税　　B. 关税

C. 财产税　　D. 营业税

13. (　　)税款不随商品价格增减而变动，单位商品税负不变。

A. 从量税　　B. 从价税

C. 直接税　　D. 间接税

14. 按税收计量标准分类，税收可分为(　　)。

A. 从量税和从价税　　B. 中央税和地方税

C. 实物税和货币税　　D. 价内税和价外税

15. 纳税期满后税款多长时间内必须入库，指的是(　　)。

A. 纳税环节　　B. 缴纳期限

C. 纳税期限　　D. 纳税范围

16. 我国现行的增值税是(　　)。

A. 实物税　　B. 从量税

C. 价内税　　D. 价外税

17. 按(　　)分类，是我国目前税收分类的基本方法。

A. 税收缴纳形式
B. 税负能否转嫁
C. 计量标准
D. 征税对象

18. 纳税人一般不能将税负转嫁给他人的是(　　)。
A. 直接税
B. 间接税
C. 从价税
D. 从量税

19. 按征税对象分类，(　　)涉及商品生产和流通的各个环节。
A. 流转税类
B. 所得税类
C. 货币税类
D. 从价税类

20. 特定行为税是为了限制某种行为的发生，所以又称为(　　)。
A. 选择税
B. 特别目的税
C. 限制行为税
D. 特定税

(四) 多项选择题

1. 按照性质的不同，纳税人可分为(　　)。
A. 扣缴义务人
B. 法人
C. 负税人
D. 自然人
E. 单位及个人

2. 税制基本要素包括(　　)。
A. 纳税环节
B. 纳税人
C. 纳税期限
D. 税率
E. 征税对象

3. 纳税人与负税人的关系是(　　)。
A. 有时一致
B. 完全一致
C. 在税负部分转嫁时，纳税人与负税人的分离是有限的、部分的
D. 在税负完全转嫁时，纳税人与负税人的分离是完全的
E. 完全不一致

4. 任何一个税种必须确定纳税环节，因为它关系到(　　)。
A. 税收成本的高低
B. 税源的掌握
C. 税收利益的分配
D. 税制的结构
E. 税种的布局

5. 在征税对象既定的前提下，(　　)决定着税收的公平和纳税人的负担水平以及纳税人之间的税负状况。
A. 纳税人的界定
B. 税率形式的选择
C. 征税范围的界定
D. 税目的规定
E. 税率设计的高低

6. 税率的基本形式包括(　　)。
A. 名义税率
B. 比例税率
C. 定额税率
D. 实际税率
E. 累进税率

7. 按计税依据进行分类，税收可分为(　　)。

A. 从量税　　B. 从价税

C. 间接税　　D. 实物税

E. 价内税

8. 按税负是否转嫁，税收可分为(　　)。

A. 直接税　　B. 价内税

C. 间接税　　D. 价外税

E. 目的税

9. 计税依据是征税对象的数量化，它不是随意的，而是受到(　　)的制约。

A. 税率形式　　B. 征税对象

C. 计税方法　　D. 税源

E. 纳税人

10. 下列关于起征点、免征额的说法正确的有(　　)。

A. 起征点只能照顾到一部分纳税人

B. 起征点和免征额是一回事

C. 免征额可以照顾适用范围内的所有纳税人

D. 达到起征点的就对其进行全额征税

E. 达到免征额的就对其全额征税

(五) 判断题

1. 在税收法律关系中，征税一方享有单方面的征税权利，纳税人负有单方面的纳税义务。(　　)

2. 我国现行的消费税是价内税。(　　)

3. 免征额就是征税对象达到一定数额开始征税。(　　)

4. 一般对于所得税来说，纳税人与负税人是重合的。(　　)

5. 运用比例税率进行征税很难起到税收的公平作用。(　　)

6. 全额累进税率在调节收入方面，较之比例税率合理，但在两个级距的临界部位会出现税负增加超过应税所得额增加的现象，使税收负担不合理。(　　)

7. 所谓加成，就是在原有税率的基础上再加上加成率来计算应纳税额。(　　)

8. 在我国，地方税主要是指税收收入、税收立法权均归地方的税种。(　　)

9. 直接税是由纳税人直接负担、不易转嫁的税种，如所得税、财产税、消费税等。(　　)

10. 所得税是我国现行税制的主体税种。(　　)

(六) 问答题

1. 什么是扣缴义务人?

2. 简述税收的三要素。

3. 请列出全额累进税率和超额累进税率的区别。

4. 请列出比例税率与累进税率的不同点。

5. 什么是起征点和免征额？

6. 按征税对象分类，我国现行税种可分为哪几类？

7. 请列出从价税和从量税的区别。

第三章

税　收　职　能

一、重点、难点

（一）本章重点

税收职能的内涵；财政职能、经济职能和社会职能三者之间的关系。

（二）本章难点

掌握如何发挥税收筹集资金、调节经济、维护社会公平的职责或功能。

二、学习要求及注意事项

本章在整个国家税收课程中也是税收的基础知识之一。主要培养学生分析税收的财政职能、经济职能和社会职能的能力。学习中应注意：税收的三个职能尽管是客观存在的，是同税收与生俱来的，但仍有基本职能与派生职能之分。

税收职能。学习这部分内容要注意：税收职能是税收所固有的职责和功能，具体来说，税收的职能就是税收所具有的满足国家需要的能力。税收职能的特性在于它的内在性和客观性。所谓内在性，是指税收职能是税收本质的具体体现，它存在于税收的本质之中，又是税收本质最集中、最具体的体现；所谓客观性，是指税收职能不以人的主观意志和外在客观经济条件为转移。

财政职能。学习这部分内容要注意：税收的产生首先是为国家行使职能而筹集资金的，因而筹集资金应为基本职能，如果不为国家行使职能筹集资金，税收就没有存在的必要，其他两个职能也就无法存在了。税收财政职能包括两个方面：一是税收是政府收入的主要支柱；二是政府征税要征之有度，不能认为满足公共需要越多越好。

经济职能。税收作为一个重要的经济杠杆，客观上具有调节经济运行，协调经济结构，刺激经济效率，服务于特定经济目标的重要调节功能。学习这部分内容要注意：现实经济生活中税收调节经济的职能和作用很重要，但不能说明调节经济的职能是基本职能。

社会职能。要注意两点：一是税收在发挥社会职能时，有直接和间接两种意义。从直接意义上看，税收分配可以直接调节人们可支配收入水平；从间接意义上看，为了实现公平分配的目标，国家可以运用税收杠杆调节人们的收入和消费水平。二是税收也是调整国与国之间经济关系的重要政策手段。

根据社会实践的需要还应了解以下知识内容：

（一）我国社会主义市场经济条件下税收的作用

1. 组织财政收入，保证国家实现其职能的资金需要

2. 税收是国家对经济实行宏观调控的重要经济杠杆

3. 维护国家权益，促进对外经济交往，有利于我国经济的发展

4. 为国家管理及企业经济提供信息，对各项经济活动实行监督

税收作用是税收职能在一定经济条件下所具体表现出来的效果。税收的职能是税收本身固有的长期属性，是客观存在的。而税收的作用是主观见之于客观的东西，是人的主观能动性的反映。由于人的主观能动性不同，税收职能所反映出来的效果也不一样。国家通过制定税法来体现国家的意志。国家对税收职能正确认识的程度，直接影响经济的发展。税收的作用在不同的经济条件下，会随着不同历史时期的经济条件以及政治经济任务的变化而变化，不同的经济条件下税收的作用也不同。如在生产力水平低的条件下，税收收入规模小，税收的作用也小；在商品经济不发达的社会里，税收采用实物缴纳形式的情况下，税收作用的范围小；而在商品经济发达的社会里，税收全部采用货币缴纳形式，税收的作用范围就大大地扩大了。

（二）为什么说税收是重要的经济杠杆

人们通常把能改变人们的物质利益、影响人们的经济行为、使之朝着预定方向和目标运转的一切经济手段或方法，称之为经济杠杆。税收就是一种经济杠杆。但税收杠杆与其他经济杠杆相比，又有所不同：其一，税收是政府直接掌握的经济杠杆，较少受市场等其他因素的影响，能更好地体现政府的意图，因而具有调节作用的一致性和有效性；其二，税收涉及社会生产的各个环节，几乎涵盖了所有的经济活动，因此具有调节范围的广泛性。

三、同步练习

（一）名词解释

1. 税收职能

2. 税收的财政职能

3. 税收的经济职能

4. 税收的社会职能

（二）填空题

1. 一般来讲，税收具有三大职能，即________________、________________和________________。

2. 税收的________________职能是税收的首要的、基本的职能。

3. 税收财政职能具有________________、________________和________________的特点。

4. 税收财政职能的基本内容包括________________和________________。

5. 税收经济职能具有________________、________________和________________的特点。

6. 税收的社会职能又称为________________职能。

7. 税收社会职能的调节对象是________________和________________。

8. 税收社会职能的内容主要有四道防线，即：________________、________________、________________、________________。

（三）单项选择题

1. 税收的职能是税收自身所固有的(　　)。

A. 内在功能　　B. 本质属性

C. 重要作用　　D. 必然联系

2. 我国社会主义税收(　　)职能，是形成社会主义市场经济运行机制的重要因素。

A. 调节经济　　B. 组织收入

C. 监督干预　　D. 惩处违法活动

3. 在我国实行社会主义市场经济，国家的经济职能主要体现为(　　)。

A. 干预　　B. 监督

C. 计划指导　　D. 宏观调控

4. (　　)职能是税收的最基本职能。

A. 经济　　B. 财政

C. 社会　　D. 监督

5. 税收的财政职能，最终形成(　　)。

A. 财政收入　　B. 企业收入

C. 社会收入　　D. 个人收入

6. 税收职能通常是指税收(　　)的功能。

A. 长期形成的　　B. 外在的

C. 受外界影响形成的　　D. 自身固有的

7. 税收是实现社会经济建设的(　　)。

A. 政治保证　　B. 物质基础

C. 政治基础　　D. 民主保证

8. 税收可以改变国家与地区、部门单位之间的(　　)，从而影响社会经济的发展。

A. 消费比例　　B. 消费观念

C. 生产积极性　　D. 分配比例

9. 税收是国家实行对外开放的一个重要的(　　)。

A. 调节手段　　B. 行政手段

C. 运行机制　　D. 窗口

10. 税收不同于其他经济杠杆的重要一点在于税收是以(　　)为手段的分配形式。

A. 政治　　B. 经济

C. 法律　　D. 行政

(四) 多项选择题

1. (　　)性质的国家税收，具有组织收入这一职能。

A. 奴隶社会　　B. 封建社会

C. 资本主义社会　　D. 社会主义社会

E. 共产主义社会

2. 我国社会主义税收调节社会经济的职能，具体表现为(　　)。

A. 调节分配秩序　　B. 调节涉外经济关系

C. 调节社会经济结构　　D. 调节生产结构

E. 调节宏观经济运行

3. 在社会主义初级阶段，我国税收具有(　　)职能。

A. 财政　　B. 经济

C. 社会　　D. 增强民族自觉性

E. 惩治腐败

4. 我国社会主义税收主要调节(　　)之间的经济利益关系。

A. 国家与企业　　B. 中央与地方

C. 个人与企业　　D. 企业与企业

E. 国家与个人

5. 税收调节经济职能可以通过(　　)实现。

A. 设置不同税种　　B. 调节生产结构

C. 税收的征收　　D. 设置不同税目

E. 设置不同税率

6. 对不同产业、不同产品采取的不同的税收政策属于税收的(　　)职能。

A. 组织收入　　B. 调节经济

C. 调节生产结构　　D. 调节社会经济结构

E. 监督管理

7. 目前，税收已成为国家财政收入的主要支柱的原因在于(　　)。

A. 可以保证财政赤字的弥补　　B. 可以创造社会财富

C. 保证收入来源的广泛性　　D. 保证财政收入稳定增长

E. 可以保证财源丰裕

8. 关于税收的职能，以下说法正确的是(　　)。

A. 在不同社会经济条件下，税收的职能都相同

B. 目前，国债已成为保证国家财政收入的重要支柱

C. 税收职能与国家职能紧密相连

D. 我国税收调节经济的职能是形成市场经济运行机制的重要因素

E. 税收调节经济的职能是通过调节经济利益关系实现的

(五) 判断题

1. 税收调整经济利益的作用仅涉及国家与纳税人。(　　)

2. 税收的职能就是指在外界经济环境影响下所形成的税收功能。(　　)

3. 税收保证财政收入的广泛性，是其他任何一种财政收入形式所不能及的。(　　)

4. 税收可以通过设置不同税种、税目，确定不同的税率，来实现调节社会经济的职能。(　　)

5. 税收组织财政收入的职能，是指国家税收通过参与社会产品的分配，形成国家财政收入，归国家支配使用，保证国家实现其职能的需要。(　　)

6. 不论什么性质的税收，不论什么样的税种，都具有组织收入这一性质。(　　)

7. 税收可以改变国家与地区、部门、单位或个人之间的分配。(　　)

8. 税收能够保证财政收入可靠、稳定地增长。(　　)

9. 调节社会经济是税收的基本职能。(　　)

10. 税收职能不因社会制度性质的不同而不同。(　　)

(六) 问答题

1. 什么是税收职能？在市场经济条件下税收有哪些职能？为什么说筹集财政收入是税收的基本职能？

2. 税收经济职能有哪些特点？

3. 简述税收职能的相互关系。

第四章

税 收 原 则

一、重点、难点

(一) 本章重点

税收原则的基本内容。

(二) 本章难点

税收财政原则及其实现条件。

二、学习要求及注意事项

本章是税收理论的重要内容，在整个国家税收课程中有着重要的位置，是学习税收这门学科最基础的入门知识之一。通过本章的学习，要着力培养学生运用税收原则解决实际经济问题的能力。

对初学者来说，掌握税收原则的概念、了解我国社会主义市场经济中税收原则的基本内容，加深对税收一般规律的认识，能够为学习国家税收课程以后章节打下良好的基础。本章主要利用基本教材学习，但要加深理解。

(一) 税收的财政原则

在掌握税收的财政原则定义的基础上，学生应能理解和阐述为什么财政原则是税收的基本的、首要的原则。这一问题要结合税收的产生发展及其职能作用，通过列举实例加以论证。同时，理解财政原则的基本内容。税收收入为什么要稳定充裕？因为税收从来就是与国家职能的实现相联系的，是筹集财政资金、满足社会公共需要的重要手段，是实现国家职能的财力保证。要实现国家的各项职能、增强国家宏观调控能力，就要求税收提供足够的财力保证。因此，在研究制定总体税负水平时，要保证国家财政收入的稳定增长。国家要实现税收收入的稳定充裕就要求其在进行税制改革时选择收入弹性大的税种，因为税收的“高弹性收入”，可使财政收入显得较为充裕，财政支出的压力相对减轻，收入足以保证支出的需要。但在确定税收弹性值时，一方面确保税收收入增长要略快于经济的增长，另一方面又不因过重的税收总负担阻碍经济的发展，才是税收收入政策所要追求的一个比较理想的目标。税收要做到取之有度、取之合理，就要在理论和实践两个方面加以理解和论证。

（二）税收的公平原则

税收公平只是一种相对的公平，它包含两个层次：税负公平、机会均等。

1. 税负公平

这是指纳税人的税收负担要与其收入相适应。这必须考虑到以下两点：一是具有同样纳税条件的纳税人应当缴纳相同的税额，即横向公平；二是具有不同纳税条件的纳税人应承担不同的税额，即税收的纵向公平。

2. 机会均等

这是基于竞争的原则，通过税收杠杆的作用，力求改善不平等的竞争环境，鼓励企业在同一起跑线上展开竞争，以达到社会经济有秩序发展的目标。要实现税负公平，就要做到普遍征税、量能负担，使税收有效地起到调节作用；就要做到统一税政，集中税权，保证税法执行上的严肃性和一致性。

（三）税收的效率原则

要掌握什么是税收的效率。税收的效率主要通过税收的成本和税收的收益的比率来衡量。税收的效率包括税收的行政效率和税收的经济效率。提高征税效率的关键是强化征税管理，节省征税费用，要做到以下几点：①要提高税收征管的现代化程度。②要改进管理形式，实现征管要素的最佳结合。③要健全征管成本制度，精兵简政、精打细算、节约开支。

三、同步练习

（一）名词解释

1. 税收原则

2. 税收财政原则

3. 税收公平原则

4. 经济公平

5. 社会公平

6. 税收效率原则

（二）填空题

1. 我国税收原则包括________________、________________和________________。其中________________是最基本的原则。

2. ________________始终是设计税收制度的核心问题。

3. 从税收的能力原则来判断政府收税的合理性，主要是看政府是否根据纳税人的________________、________________或拥有的财产情况等来合理地分配税收负担。

4. 税收效率通过________________和________________的比率来衡量。

5. 具体来说，税收可以通过两个方面来达到经济稳定：________________、________________。

6. 税收公平只是一种相对的公平，它包含两个层次：________________、________________。

7. 税收效率原则是指税收制度的设计应讲求效率，必须在________________、________________、________________三个方面尽可能讲求效率，以促进经济的稳定与发展。

（三）单项选择题

1. 政府按照使用税款的财政支出，给纳税人带来并享受的利益来分配税收的准则是(　　)。

A. 纳税能力原则　　B. 普遍征税原则

C. 受益原则　　D. 效率原则

2. 为了保证财政收入的稳定充裕，在进行税制改革时，要选择(　　)。

A. 收入弹性大的税种　　B. 收入弹性小的税种

C. 在生产环节征收的税种　　D. 在消费领域征收的税种

3. 税收的超额负担是指(　　)。

A. 由于税收引起的国民经济效率损失

B. 由于税收负担过重形成的负担

C. 征税的成本

D. 因为支出需求过大而使财政承受的负担

4. 税收财政原则中的适度合理要求(　　)。

A. 取之有度　　B. 量力而行
C. 收支平衡　　D. 赤字预算

5. 政府通过税收手段的调节实现机会平等适用于(　　)。
A. 自然经济　　B. 计划经济
C. 商品经济　　D. 市场经济

6. 税收效率归根结底取决于(　　)。
A. 税收与金融　　B. 税收与经济
C. 税收与财务　　D. 税收与财政

(四) 多项选择题

1. 衡量税收效率高低的指标有(　　)。
A. 税收成本　　B. 税收收益
C. 税收法规　　D. 税收管理
E. 税收机构

2. 税收效率的高低取决于(　　)。
A. 税收成本　　B. 税收收入
C. 税收政策　　D. 税收法规
E. 税收宣传

3. 税收负担合理分配，应遵循的原则有(　　)。
A. 收支平衡原则　　B. 纳税能力原则
C. 受益原则　　D. 普遍征收原则
E. 保护税源原则

4. 检验税收经济效率的标准有(　　)。
A. 税制结构
B. 机构设置
C. 税收的额外负担或超额负担最小化
D. 税收的额外收益最大化
E. 税务行政费用的多少

5. 我国社会主义市场经济中的税收原则为(　　)。
A. 法治原则　　B. 公平原则
C. 文明原则　　D. 财政原则
E. 效率原则

(五) 判断题

1. 在不同社会制度国家以及同一社会制度的国家的不同历史时期，税收的原则可能不相同。(　　)

2. 税收原则包含制定税收制度所依据的总的税收政策原则，也包含制定税收制度要建立的一些技术性原则。(　　)

3. 税务行政原则又称课征技术原则，此原则又具体分为效率原则、便民原则、征税费用节约原则。(　　)

4. 所谓税收效率就是最大限度地取得财政收入。(　　)

5. 税收原则是税收制度的核心。 (   )

6. 只要税率定得高，税收总额就会长期增长。 (   )

7. 税收在一个较长的时期里呈“高弹性增长”是最理想的状态。 (   )

8. 税收社会公平的核心是强调社会对个人间收入差距的合理调节。 (   )

（六）问答题

1. 如何做到税收收入适度合理？

2. 怎样理解税收经济效率原则？

3. 如何理解税收经济公平的含义？

第五章

税 收 负 担

一、教学要求

（一） 本章重点

税收负担的含义，税收负担的度量。

（二） 本章难点

衡量宏观税收负担水平的指标，影响微观税收负担的因素。

二、学习要求和注意事项

本章是学习税收基础的入门知识，要求会利用宏观税负的概念和衡量指标计算国民生产总值税收率、国内生产总值税收率和国民收入税收率等。对初学者来说，掌握税收负担的概念、税负转嫁的形式，了解我国宏观税负的情况，理解我国社会主义市场经济条件下税负转嫁的动机、条件、作用和目前税负转嫁的内容，利用税负衡量指标解决一些简单的税收问题，可以加深对税收一般规律的认识，为学习国家税收课程以后的章节打下良好的基础。本章所涉及的内容范围较窄，对于有些问题的阐述比较简单，学习时应结合现实生活中的例子，提高学习的知识性和趣味性。

本章以理论教学为主，主要利用基本教材学习，结合实际理解税收负担的程度，分析税负转嫁的方式，配合参考书中的相关内容加以学习。

（一） 税收负担概述

税收负担是指由于国家征税，纳税人所承受的经济负担程度，或负担水平。广义来讲，税收负担是指社会上各阶级、各阶层和各部门对于国家课税的负担；狭义来讲，税收负担是指纳税人依法向国家缴纳的各种税收的总额。税收负担问题，既涉及国家集中财力的多少，又涉及纳税人承受能力的大小，直接关系到国家、集体、个人和地区之间、部门行业之间、各种经济成分之间、各类纳税人之间的利益分配，体现着国家的分配政策，是制定税收政策的核心，也是确定税收制度法规的依据，更是充分发挥税收应有作用的着力点。

税收负担的主体包括受负主体和承负主体两个方面。受负主体是国家，承负主体是纳税人。通过税收负担，反映一种支付关系，即负有纳税义务的企业、个人和其他社会团体对国家的一种支付关系。

税收负担的客体是纳税人在一定时期内的社会剩余产品或剩余产品价值，要和税收分配关系中的主客体分开，不要将它错误地理解为是纳税人。同时，税收负担承负客体的理论界定，从根本上说是由社会再生产规律所决定的。

关于税收负担的度量，税收负担通常用负担率来衡量和表示，负担率的分子为纳税人的纳税金额，分母则视考察角度不同而选用不同的数值。从理论上分析，剩余产品或剩余价值是从税收负担的承负客体的角度出发，给出税收负担的度量方法是纳税人在一定时期内的实纳税额占当期剩余产品量或剩余产品价值量的比重。公式表明的几个含义：一是税收负担取决于纳税人的实纳税额和纳税人的剩余产品（价值）量。要分析影响纳税人的剩余产品（价值）量和纳税人的实纳税额的各种因素，需要通过实例使学生明确纳税人的实纳税额与税收负担成正比，纳税人的剩余产品与税收负担成反比。二是纳税人的剩余产品（价值）量与实纳税额的关系是主从关系，也就是说，一定时期剩余产品（价值）量，决定实纳税额的多少，而不能违反这一主从关系，无限度地增加税负。三是实纳税额占当期剩余产品（价值）量的比重是纳税人税收负担的基本表述形式，因为还有国内生产总值税负率等其他几种派生的表现形式，但它们不能脱离基本公式而独立存在。

（二）宏观税收负担

宏观税负即全社会总税收负担，正确地度量宏观税收负担，是政府科学地制定和实施税收政策，有效发挥税收职能作用的重要依据。研究宏观税负，旨在解决税收在宏观方面促进国民经济和社会稳定发展中带有整体性的问题，也为国际间税负的比较提供了基础。掌握衡量宏观税收负担常用的三个指标的计算方法和衡量宏观税负水平是否适度的两个标志：宏观税负的最低量限和宏观税负的最高量限。

（三）微观税收负担

微观税收负担是指纳税人个体，如单个企业、农民、居民个人的税收负担。微观税负是制定税收政策时被考虑的最基本的因素，研究微观税负，是要解决宏观税负在微观领域内的合理化问题。微观税负包括直接负担、间接负担和超额负担三个部分。掌握企业综合税负率、个人税收负担率的计算方法。了解影响微观税收负担的因素。

三、同步练习

（一）名词解释

1. 税收负担

2. 税负转嫁

3. 宏观税收负担

4. 微观税收负担

（二）填空题

1. 税收负担是政府课税给________造成的经济利益损失。

2. 税收负担的实质表现为________与________的一种分配关系。

3. 税收负担的受负主体是________，承负主体是________。

4. 衡量微观税负的指标可以使用________、________和________。

5. 税收负担的承负客体是________。

6. 运用________可以准确衡量国民经济总体的税收水平。

7. 衡量宏观税收负担水平常用的指标有________、________和________。

8. ________是国民经济核算指标体系的一个组成部分，是国际上通用的衡量宏观税收负担水平的指标。

9. 宏观税负的最低量限是保证________正常合理的需要。

10. 保证________的顺利进行是宏观税负水平的最高量限。

11. ________决定税收参与分配的广度和深度。

12. 在税率一定时，________的宽与窄直接决定税负的轻重，并导致名义税负与实际税负相背离。

（三）单项选择题

1. (　　)是制定税收政策时被考虑进去的最基本的因素。

A. 宏观税率　　B. 总体税负

C. 中观税负　　D. 微观税负

2. 在计税依据等因素不变的情况下，税率同纳税人的税负之间的关系是(　　)。

A. 反比关系　　B. 没关系

C. 正比关系　　D. 以上都不对

3. 税收负担通常用(　　)来表示。

A. 负担额　　B. 负担率

C. 征税范围　　D. 税种多少

4. 下列容易转嫁的税种是(　　)。

A. 个人所得税　　B. 印花税

C. 企业所得税　　D. 消费税

5. 可反映全社会税收负担率的指标是(　　)。

A. 企业税收负担率　　B. 个人税收负担率

C. 税收占国民收入的比例　　D. 征税费用占税收收入的比例

6. (　　)是税负转嫁中最为普遍的一种形式。

A. 前转　　B. 后转

C. 混转　　D. 消转

7. 影响税收负担的最终因素是(　　)。

A. 固定需要的财政资金数量　　B. 经济效益

C. 税制因素　　D. 国家财政政策

8. 下列(　　)是消费税收负担的归宿。

A. 商品消费者　　B. 生产厂家

C. 零售商　　D. 批发商

(四) 多项选择题

1. 决定纳税人税收负担水平高低的因素有(　　)。

A. 宏观税负水平　　B. 微观税负水平

C. 税收制度　　D. 负担能力

E. 税负转嫁

2. 下列很难转嫁的税收有(　　)。

A. 个人所得税　　B. 消费税

C. 增值税　　D. 契税

3. 税收优惠的具体形式有(　　)。

A. 减税　　B. 起征点

C. 出口退税　　D. 加成征收

E. 速算扣除数

4. 从我国宏观税负变化情况看，主要有(　　)。

A. 宏观税负呈下降趋势

B. 宏观税负呈上升趋势

C. 税收增长速度低于国民经济的增长速度

D. 税收增长速度高于国民经济的增长速度

E. 我国税收负担总水平偏低

5. 考察全社会税收负担率采用的指标有(　　)。

A. 税收占国民生产总值比率　　B. 税收占国内生产总值比率

C. 税收占国民收入比率　　D. 税收占财政收入比率

E. 税收占财政支出比率

6. 影响税收负担的因素包括(　　)。

A. 财务会计制度　　B. 征收管理水平

C. 税制因素　　D. 财政因素

E. 经济因素

7. 影响税收负担的最终因素有(　　)。

A. 固定需要的财政资金数量　　B. 经济效益

C. 税制因素　　D. 国家财政政策

8. 根据国内生产总值在生产、分配和使用三方面的表现形态，相应地有三种不同的计算方法(　　)。

A. 先进先出法　　B. 扣税法

C. 成本法　　D. 最终产品法

E. 新增价值法

（五）判断题

1. 在社会主义市场经济条件下，自由价格为税负转嫁提供了条件。（　　）

2. 税收负担是税收分配的核心。（　　）

3. 税收负担是指国家征税，纳税人所承担的经济负担程度。（　　）

4. 企业税收负担可以用企业各种纳税总额与同期销售收入的百分比来表示。（　　）

5. 税收负担是纳税人的纳税金额占其计税依据的比例。（　　）

6. 一般情况下，纳税人的实际税负率必然会低于名义税负率。（　　）

7. 各项税收的纳税人即负税人。（　　）

8. 一般情况下，消费税的税负可以转嫁给消费者。（　　）

9. 我国宏观税负变化情况是税收增长速度高于国民经济的增长速度。（　　）

10. 社会主义市场经济下不存在税负转嫁。（　　）

（六）问答题

1. 衡量宏观税负水平是否适度的标志是什么？

2. 说明税收负担的含义。

3. 影响微观税收负担的因素有哪些？

第六章

流　转　税　制

一、重点、难点

（一）本章重点

增值税、消费税、关税的征收制度。

（二）本章难点

增值税、消费税、关税计算征收方法。

二、学习要求和注意事项

本章是全书难点之一，对初学者而言，有关概念及方法比较难以理解，应纳税额计算比较复杂，掌握有一定困难。在学习过程中，以学习具体税收法规及税收实务为主，主要利用基本教材及指导书中的相关内容进行学习与练习，应注意深入浅出，注重实例，课后要求认真复习，多做练习，及时巩固。

（一）流转税制的含义与特点

要了解流转税制、流转额、商品流转额、非商品流转额的概念及我国现行流转税制的主要税种及其覆盖面，知道流转税要素的设计原则。关于我国流转税制的布局，现行流转税制主要设置三个税种，即增值税、消费税和关税。我国新税制改革，参照国际通行的做法，建立了一个以规范化增值税为核心的与消费税、关税互相协调配套的流转税制，即在工业生产、交通运输、服务业、商品流通领域普遍征收增值税；有选择地对某些消费征收消费税；对金融保险、建筑安装、文化体育、娱乐业、无形资产和不动产的转让等产业改征增值税；在进口环节征收关税。

（二）增值税

在流转税中，增值税是一个核心税种。消费税的税率、征收范围以及部分减免税规定等，都是围绕着建立规范化的增值税的要求设计的；增值税是财政收入中最大的税种，它的征收贯穿商品流通的各个环节，因此增值税是一个重点税种，须重点掌握。

学习税法关键要掌握在什么情况下应缴纳什么税，如何计算和缴纳。因此，税种的征税范围和计税方法是重点。计税方法是一种基本技能，其中主要是掌握计税依据。从其他的要素来看，税率是税制的核心，对于税收立法来说，极为重要。但对执法者和学习者来说，知道就可以了。一般来说，流转税中纳税人是依附于征税项目的，也就是说，谁有某一税种规定的应税行为，谁就是该税种的纳税人，所以对“纳税人”概念的掌握一般难度不大。但增值税的纳税人有其特殊性，这也是一个重点。减税免税直接关系到纳税人的利益，但减免税规定一般比较具体，有关规定不可变通，而且其政策变动较频繁，学习中一般了解就可以了。

对增值税的概念及其特点，需要认真领会，这有利于理解增值税的各个要素。教材重点讲述了增值税的三个基本要素。

1. 征税范围

增值税的征收涉及货物的生产、批发、零售和进口环节；加工和修理修配劳务也属于增值税的征税范围，原有的营业税也全面改征增值税。见表6－1。

表6－1　　　　增值税一般征税范围

增值税的一般征税范围	基本规定
1. 销售或进口的货物	“货物”是指有形动产，包括电力、热力和气体在内
2. 提供的应税劳务	应税劳务是指纳税人提供的加工/修理修配劳务
3. 提供的应税服务	应税服务是指陆路运输服务、水路运输服务、航空运输服务、管道运输服务、邮政普通服务、邮政特殊服务、其他邮政服务、研发和技术服务、信息技术服务、文化创意服务、物流辅助服务、有形动产租赁服务、鉴证咨询服务、广播电视服务

增值税这个税种，几乎覆盖了全部二、三产业；换句话说，第二、第三产业中，除国家规定免税的货物和行业外，全面征收增值税。消费税的征税对象只是有形动产的一部分，与增值税存在重叠关系。也就是说，征收消费税的货物，只是增值税征税范围中的货物的一部分，这部分货物同时征收增值税和消费税，在普遍调节的基础上实现特殊调节的目标。

（1）视同销售行为。视同销售行为是把握增值税征税范围的一个重要方面，应注意：将自产的货物用于非应税项目、集体福利及个人消费时，应视同销售行为；将购买的货物用于非应税项目、集体福利及个人消费时，属于不得抵扣进项税，不计算销项税。

其中，代销货物及同一纳税人不同机构间异地移送货物视同销售，主要是为了保持税款抵扣的连贯。自产（委托加工）自用货物视同销售，是为了平衡负担。

现行增值税实行的是购进扣除法，当期购进货物的进项税额，可以从当期实现销售的货物销项税额中抵扣。如果购进的已抵扣进项税额的货物被用于非应纳增值税的项目，就会使一部分增值税的应纳税额流失掉。因此，对不能形成销项税额的购进货物的进项税额自然不允许抵扣。这在处理上有两种办法可供选择：一是视同销售；二是冲减进项税额。

视同销售不仅要计征增值税还会影响企业所得税。企业所得税的计算中，涉及这部分内容，要特别关注。

（2）混合销售行为。从事货物的生产、批发或零售的企业、企业性单位及个体经营者的混合销售行为，按照销售货物缴纳增值税。

注意以下两种情况：①对从事货物的生产、批发或零售并且兼营非应税劳务的企业、企业性单位及个体经营者发生的混合销售行为，如果要征增值税，必须是该企业、企业性单位及个体经营的年货物销售额与非应税劳务营业额相比超过50%。②从事运输业务的单位与个人，发生销售货物并负责运输的混合销售行为一律征收增值税。

（3）兼营行为。纳税人的经营范围既包括销售货物和加工修理修配劳务，又包括销售服务、无形资产和不动产的，构成兼营。纳税人兼营销售货物、加工修理修配劳务、服务、无形资产或者不动产，适用不同税率或者征收率的，应当分别核算适用不同税率或者征收率的销售额；未分别核算销售额的，按照以下方法适用税率或者征收率：兼有不同税率的销售货物、加工修理修配劳务、服务、无形资产或者不动产，从高适用税率；兼有不同征收率的销售货物、加工修理修配劳务、服务、无形资产或者不动产，从高适用征收率；兼有不同税率和征收率的销售货物、加工修理修配劳务、服务、无形资产或者不动产，从高适用税率。

2. 纳税人

增值税纳税人分为一般纳税人和小规模纳税人两类，纳税人的划分直接影响其计税方法的确定，应注意掌握其标准和办法。由于一般纳税人有税款抵扣权，因此必须按照一定的程序经过认定。

（1）使用发票不同。一般纳税人使用增值税专用发票，并凭进货的专用发票和购进劳务的专用发票抵扣进项税额。小规模纳税人销货时不能使用增值税专用发票，只能使用普通发票，购进货物或应税劳务时也不得抵扣进项税。

（2）适用税率不同。一般纳税人适用16%或13%的税率，小规模纳税人适用3%的征收率。

（3）计税方法不同。一般纳税人计税方法是：应纳税额 = 当期销项税额 − 当期进项税额；小规模纳税的计税方法是：应纳税额 = 销售额 × 征收率。

3. 税率

（1）我国增值税税率和征收率的基本规定：根据确定增值税税率的基本原则，我国增值税设置了一档基本税率和三档低税率，此外还对出口货物和财政部、国家税务总局规定的应税服务实行零税率（国务院另有规定的除外）。小规模纳税人不适用税率而适用征收率。见表6－2。

表6－2　增值税税率和征收率的基本规定

税率和征收率		具体规定
税率	基本税率16%	（1）纳税人销售或者进口货物，除适用低税率和零税率外，税率为16%。 （2）纳税人提供加工、修理修配劳务（以下称应税劳务），税率为16%。 （3）有形动产租赁服务。 【注意】有形动产租赁，包括有形动产融资租赁和有形动产经营性租赁。远洋运输的光租业务和航空运输的干租业务，属于有形动产经营性租赁。

续表

税率和征收率		具 体 规 定
税率	低税率10%	(1) 粮食（不含淀粉）、食用植物油（含橄榄油；不含肉桂油、桉油、香茅油）、鲜奶（含按规定标准生产的巴氏杀菌乳、灭菌乳，不含调制乳）。 (2) 自来水、暖气、冷气、热水、煤气、石油液化气、天然气、沼气、居民用煤炭制品。 (3) 图书、报纸、杂志。 (4) 饲料、化肥、农药、农机、农膜。 (5) 国务院及其有关部门规定的其他货物：农产品（含干姜、姜黄；不含麦芽、复发胶、人发制品）；音像制品；电子出版物；二甲醚；密集型烤房设备、频振式杀虫灯、自动虫情测报灯、粘虫板。 (6) 交通运输业服务。 (7) 邮政业服务。
	低税率6%	部分现代服务业中的研发和技术服务、信息技术服务、文化创意服务、物流辅助服务、鉴证咨询服务、广播影视服务。 【注意】部分现代服务业中的有形动产租赁服务适用17%的税率。
	零税率	(1) 除国务院另有规定的之外，纳税人出口货物，税率为零。 (2) 财政部和国家税务总局规定的应税服务，税率为零（国务院另有规定的除外）。目前包括境内单位和个人提供的国际运输服务、向境外单位提供的研发服务和设计服务等。
征收率		小规模纳税人增值税征收率为3%。

(2) 其他按照简易办法征收增值税的优惠规定：增值税的正常计算需要使用税率，但是简易计算需要使用征收率，可以说，征收率是和简易计算相对应的概念。

学习这部分应注意：一是实际工作中，增值税的征收率有3%、5%、减按2%共三种情况。小规模纳税人涉及3%、减按2%两种情况。增值税一般纳税人在某些特殊情况下也适用征收率，涉及3%、5%、3%再减2%三种情况；二是增值税一般纳税人符合规定的采用征收率计税，属于增值税税收优惠的组成部分。使用征收率计税就要求纳税人采用简易征税办法缴税，不能抵扣该项目相关的进项税额；三是采用征收率计算的税额，不能称其为销项税额，对于小规模纳税人直接就是应纳税额。对于一般纳税人，是其应纳税额的组成部分。具体内容见表6-3。

表6-3 简易办法增值税的规定

增值税的征收率		计算公式及适用情况	注意事项
小规模纳税人	3%的法定征收率	计税公式：销售额 = 含税销售额 ÷ (1 + 3%) 应纳税额 = 销售额 × 3% 小规模纳税人销售货物、提供应税劳务和服务一般适用于3%的征收率。	(1) 小规模纳税人（除其他个人外）销售自己使用过的除固定资产以外的物品，应按3%的征收率征收增值税。 (2) 不得自行开具增值税专用发票，但可由主管税务机关代开增值税专用发票。

续表

<table>
<tr><th colspan="2">增值税的征收率</th><th>计算公式及适用情况</th><th>注意事项</th></tr>
<tr><td>小规模纳税人</td><td>减按 2% 征收率征税</td><td>计税公式：销售额 = 含税销售额 ÷ （1 + 3%）
应纳税额 = 销售额 × 2%
适用于：
（1）小规模纳税人（除其他个人外，下同）销售自己使用过的固定资产。
（2）小规模纳税人销售旧货。
旧货是指进入二次流通的具有部分使用价值的货物（含旧汽车、旧摩托车和旧游艇），但不包括自己使用过的物品。</td><td>（1）小规模纳税人销售自己使用过的固定资产以及经营旧货（自己不曾使用的旧货），减按 2% 的征收率征收增值税。
（2）应开具普通发票，不得自行开具或由税务机关代开增值税专用发票。</td></tr>
<tr><td rowspan="3">一般纳税人</td><td rowspan="2">3% 征收率计税</td><td>计税公式：销售额 = 含税销售额 ÷ （1 + 3%）
应纳税额 = 销售额 × 3% ÷ 2
适用情况：
（1）一般纳税人销售自己使用过的不得抵扣且未抵扣进项税额的固定资产（有形动产类）。
（2）一般纳税人销售旧货。
所称旧货，是指进入二次流通的具有部分使用价值的货物（含旧汽车、旧摩托车和旧游艇），但不包括自己使用过的物品。</td><td>应开具普通发票，不得自行开具或由税务机关代开增值税专用发票。</td></tr>
<tr><td>一般纳税人销售货物属于下列情形之一的，暂按简易办法依照 3% 征收率计算缴纳增值税：
（1）寄售商店代销寄售物品（包括居民个人寄售的物品在内）。
（2）典当业销售死当物品。</td><td>可自行开具增值税专用发票。</td></tr>
<tr><td>可选择按照 3% 征收率计税</td><td>一般纳税人销售自产的下列货物，可选择按照简易办法依照 3% 征收率计算缴纳增值税：
（1）县级及县级以下小型水力发电单位生产的电力。小型水力发电单位是指各类投资主体建设的装机容量为 5 万千瓦以下（含 5 万千瓦）的小型水力发电单位。
（2）建筑用和生产建筑材料所用的砂、土、石料。
（3）以自己采掘砂、土、石料或其他矿物连续生产的砖、瓦、石灰（不含黏土实心砖、瓦）。
（4）用微生物、微生物代谢产物、动物毒素、人或动物的血液或组织制成的生物制品。
（5）自来水。属于一般纳税人的自来水公司销售自来水按简易办法依照 3% 征收率征收增值税，不得抵扣进项税额。
（6）商品混凝土（仅限于以水泥为原料生产的水泥混凝土）。</td><td>（1）可自行开具增值税专用发票。
（2）一般纳税人选择简易办法计算缴纳增值税后，36 个月内不得变更。</td></tr>
</table>

4. 应纳税额的计算

应纳税额的计算是增值税中最关键的部分，是计算题、综合题集中的知识点，必须熟练掌握。

（1）销项税额的计算。一般销售方式下的销售额：

①销售额中包括的内容：销售货物或应税劳务向购买方收取的全部价款；向购买方收取的各种价外费用（征税时一定换算成不含税收入再并入销售额）；应税消费品的消费税税金（价内税）。

②销售额中不包括的内容：向购买方收取的销项税额；受托加工应征消费税的消费品所代收代缴的消费税；承运者的运费发票开具给购货方且纳税人将该项发票转交给购货方的代垫运费。

特殊销售方式下的销售额：

对于折扣方式销售、以旧换新销售、还本销售、以物易物销售、包装物押金处理、销售旧货及旧车、视同销售货物行为等特殊情况下的销售额的确定，学生应熟练掌握。

（2）进项税额的抵扣。计算抵扣税额是进项税额确定中的难点，必须准确掌握计算抵扣的范围和条件。

①购进免税农产品扣税的计算。一般纳税人向农业生产者购买的免税农产品或向小规模纳税人购买的农产品，准予按买价和9%或10%的扣除率计算进项税额，从当期销项税额中扣除。但要注意把握好以下三个方面：第一，"免税农产品"是指种植业、养殖业、牧业、水产业的初级农产品；第二，初级农产品必须是农业生产者（个人或单位）自产自销的才能免税；第三，收购烟叶的特殊规定。

②一般纳税人外购货物（固定资产除外）及销售货物所支付的运输费用（不并入销售额的代垫运费除外），准予按运费结算单据所列运费金额依9%或10%的扣除率计算进项税额抵扣。

同时，要掌握其他不可抵扣进项税额的规定。

（3）应纳税额的计算。关于应纳税额的计算，教材中讲了多种不同的计算方法，其公式可归纳如表6－4所示。

表6－4　应纳税额计算公式

纳税人或征税环节	计税公式
一般纳税人	应纳税额＝当期销售额×适用税率－当期进项税项
小规模纳税人	应纳税额＝当期销售额×征收率
进口应税货物	应纳税额＝组成计税价格×适用税率
1. 不征消费税的进口货物	组成计税价格＝关税完税价格＋关税税额
2. 应征消费税的进口货物	组成计税价格＝（关税完税价格＋关税）÷（1－消费税率）

具体应用时注意下列几个方面：

一是一般纳税人应纳税款的计算，关键是正确确定销售额和可抵扣的进项税额，以及当期的期限。二是小规模纳税人采用简易的计税方法。与一般纳税人的计税相比，相同点是：

①销售额的确定一致；②进口货物的计税一致。不同点是：①小规模纳税人销售货物不能独立开具增值税专用发票；②不享受税款抵扣权；③按征收率计税。三是对进口应税货物的计税有两个特点：①以组成计税价格为计税依据；②不得从中扣除任何税额。

关于增值税纳税义务发生时间，是指纳税人发生纳税行为应履行纳税义务的时间。它不同于纳税期限。后者指纳税人在发生纳税义务后，按税收法规的规定计算、申报、缴纳应纳税款的时间界限。

（三）消费税

在学习过程中，以熟悉税收法规及税收实务为主，主要利用基本教材及学习辅导书中的相关内容进行学习。课后要求学生认真复习，多做练习，及时巩固。

消费税与增值税构成对流转额交叉征税（双层征收）。缴纳增值税的货物不一定都缴纳消费税，但缴纳消费税的货物除对饮食业、娱乐业举办的啤酒屋（啤酒坊）利用啤酒生产设备生产的啤酒外，其他都是增值税征税范围内的货物，且都属于适用增值税16%税率或13%税率的货物的范围，不涉及低税率。但若是小规模纳税人，会涉及增值税的低税率。消费税与增值税除了上述征税对象范围有差异外，还存在以下差异（如表6－5所示）：

表6－5　消费税与增值税的差异

差异方面	增值税	消费税
征税范围	（1）销售或进口的货物。 （2）提供加工、修理修配劳务。 （3）提供应税服务。	（1）生产应税消费品。 （2）委托加工应税消费品。 （3）进口应税消费品。 （4）零售应税消费品（金银首饰、铂金首饰、钻石及钻石饰品）。 （5）批发应税消费品（卷烟）。
纳税环节	多环节征收，同一货物在生产、批发、零售、进口等多环节征收。	纳税环节相对单一：除自2009年5月1日起，卷烟在批发环节加征一道消费税外，在零售环节缴纳消费税的金银首饰、铂金首饰、钻石及钻石饰品在生产、批发、进口环节不缴纳消费税；其他在进口环节、生产环节（出厂环节，特殊移送环节）、委托加工环节缴纳消费税的消费品在之后批发、零售环节不再缴纳消费税。
计税依据	计税依据具有单一性，计税方法只有从价定率计税。	计税依据具有多样性，计税方法包括从价定率计税、从量定额计税、复合计税。
与价格的关系	增值税属于价外税。	消费税属于价内税。
税收收入的归属	进口环节海关代征的增值税全部属于中央；其他环节税务机关征收的增值税收入由与地方共享。	消费税收入全部属于中央。

1. 征税范围

征税范围是本章的重点问题，在学习中要明确以下四点：

（1）在地域范围上为中华人民共和国境内；

（2）在涉税行为上是生产、委托加工和进口行为；

（3）什么是消费品，及消费税中的消费品的确定原则；

（4）现行征收消费税的14类产品。

同时应明确，消费税一般在应税消费品的生产、委托加工和进口环节缴纳，而金银首饰、钻石和钻石饰品在零售环节缴纳。

2. 纳税人

在地域范围和涉税行为上明确消费税纳税人中单位和个人的具体含义。所谓中华人民共和国境内，是指生产、委托加工和进口应税消费品的起运地或所在地在境内。同时，理解什么是委托加工的应税消费品。

3. 税率与税目

明确我国现行消费税按从价税和从量税分别实行比例税率和定额税率，熟悉消费税税目、税率表，加深理解消费税的征税范围和税率。

注意税率在烟、酒等一些稍微复杂的销售情况下的运用。对不能确定征税子目和适用税率的卷烟及原料无法确定或以多种原料混合生产的酒，一律从高适用税率。如果纳税人兼营不同税率的消费品，应分别核算其销售额、销售数量。未分别核算的或者将不同税率的应税消费品成套销售的，从高适用税率。见表6－6。

表6－6　　2020年消费税税目税率表

税　　目	税　　率
一、烟	
1. 卷烟	
（1）甲类卷烟［调拨价70元（不含增值税）/条以上（含70元）］。	56%加0.003元/支
（2）乙类卷烟［调拨价70元（不含增值税）/条以下］。	36%加0.003元/支
（3）商业批发：环节甲类卷烟［调拨价70元（不含增值税）/条以上（含70元）］。	11%加0.005元/支
2. 雪茄烟	36%
3. 烟丝	30%
二、酒及酒精	
1. 白酒	20%加0.5元/500克（或者500毫升）
2. 黄酒	240元/吨
3. 啤酒	
（1）甲类啤酒。	250元/吨
（2）乙类啤酒。	220元/吨
4. 其他酒	10%
5. 酒精	5%
三、高档化妆品	15%
四、贵重首饰及珠宝玉石	
1. 金银首饰、铂金首饰和钻石及钻石饰品	5%
2. 其他贵重首饰和珠宝玉石	10%

续表

税　　目	税　　率
五、鞭炮、焰火	15%
六、成品油	
1. 汽油	
（1）含铅汽油。	1.52 元/升
（2）无铅汽油。	1.52 元/升
2. 柴油	1.20 元/升
3. 航空煤油	1.20 元/升
4. 石脑油	1.52 元/升
5. 溶剂油	1.52 元/升
6. 润滑油	1.52 元/升
7. 燃料油	1.20 元/升
七、摩托车	
1. 气缸容量（排气量，下同）在 250 毫升（含 250 毫升）以下的	3%
2. 气缸容量在 250 毫升以上的	10%
八、小汽车	
1. 乘用车	
（1）气缸容量（排气量，下同）在 1.0 升（含 1.0 升）以下的。	1%
（2）气缸容量在 1.0 升以上至 1.5 升（含 1.5 升）的。	3%
（3）气缸容量在 1.5 升以上至 2.0 升（含 2.0 升）的。	5%
（4）气缸容量在 2.0 升以上至 2.5 升（含 2.5 升）的。	9%
（5）气缸容量在 2.5 升以上至 3.0 升（含 3.0 升）的。	12%
（6）气缸容量在 3.0 升以上至 4.0 升（含 4.0 升）的。	25%
（7）气缸容量在 4.0 升以上的。	40%
2. 中轻型商用客车	5%
九、高尔夫球及球具	10%
十、高档手表	20%
十一、游艇	10%
十二、木制一次性筷子	5%
十三、实木地板	5%
十四、电池	4%
十五、涂料	4%
十六、商业批发环节 乙类卷烟［调拨价 70 元（不含增值税）/条以下］	11% 加 0.005 元/支

4. 计税依据

由于消费税的税率有不同形式，其计算过程也有从量征收、从价征收和复合征收的不同情况。单纯从计算角度来讲，从量征收是最简单的，复合征收是最复杂的。但实际上问题的关键仍然是从价征收，因为在复合征收中，困难的还是从价征收的部分。

要注意同一税目既按从价征收，又按从量征收的相互关系和计算应纳税额的方法。

（1）从价计征。要重点掌握销售额的确定。销售额为纳税人销售应税消费品向购买方收取的全部价款和价外费用。全部价款中包含消费税税额，但不包括增值税税额；价外费用的内容与增值税规定相同。

应税消费品连同包装物销售的，无论包装物是否单独计价，也不论会计上如何核算，均应并入应税消费品的销售额中征收消费税。如果包装物不作价随同产品销售，而是收取押金，且单独核算又未过期的，此项押金则不应并入应税消费品的销售额中征税。但对因逾期未收回的包装物不再退还的和已收取1年以上的押金，应并入应税消费品的销售额，按照应税消费品的适用税率征收消费税。

在学习中应注意：一是酒类产品（啤酒、黄酒除外）的包装物押金，不论会计上的核算如何，押金收入均应并入酒类产品销售额征收消费税，但啤酒、黄酒的押金收入不征收消费税，要按照一般规律征收增值税。啤酒单位税额在确定时要注意，其出厂价格是包含了包装物押金（不含增值税）的，虽然啤酒的包装物押金本身不缴消费税，所以其逾期与否与消费税无关，但是啤酒包装物押金与单位消费税额的确定有关。二是在增值税中，销售自己使用过的应征收消费税的汽车、摩托车、游艇要按照特殊方法征收增值税，但该行为并不征收消费税。

（2）从量计征。在从量定额计算方法下，应纳税额的计算取决于消费品的应税数量和单位税额两个因素。目前实行从量征收的有3种产品，即黄酒、啤酒、成品油。

（3）复合计征。只有卷烟、白酒采用复合计征方法。

5. 应纳税额的计算

消费税的计算，要掌握现行消费税的计税方法。

（1）基本计税方法。掌握从价定率征税、从量定额征税和混合计算三种基本计税方法。明确混合计税方法只适用于卷烟、白酒。运用混合计税方法计算时，应纳消费税等于分别按从价定率和从量定额两种方法计算的税额的总和。

在使用从量定额征税方法时，如果纳税人所使用的计量单位与税法规定的计量单位不一致，一定要将其换算成规定的计税单位。

应了解销售应税消费品、自产自用应税消费品、委托加工应税消费品和进口应税消费品销售数量的含义。同时，了解连同包装物销售的应税消费品、纳税人通过自设非独立核算门市部销售的自产应税消费品以及纳税人用于换取生产资料和消费资料，投资入股和抵偿债务等方式的应税消费品销售数量的确定方法。

（2）特殊计税方法。在学习自产自用应税消费品时，要通过实例运用比较法，弄清“用于连续生产应税消费品的”和“用于其他方面的”各自的含义。明确允许扣除已纳税款的应税消费品只限于从工业企业购进的应税消费品，对从商业企业购进应税消费品的已纳税款一律不得扣除。应纳税额的计算，重点掌握没有同类消费品销售价格时，组成计税价格的含义及计算方法。表6－7为生产销售环节应纳消费税的计算。

表 6 - 7　　　　生产销售环节应纳消费税的计算

纳税人	行为	纳税环节	计税依据	生产领用抵扣税额
生产应税消费品的单位和个人	出厂销售	出厂销售环节	从价定率：不含增值税的销售额	符合条件的，在计算出的当期应纳消费税税款中，按生产领用量抵扣外购或委托加工收回的应税消费品的已纳消费税税额
			从量定额：销售数量	
			复合计税：不含增值税的销售额、销售数量	
	自产自用	用于连续生产应税消费品的，不纳税	不涉及	
		用于生产非应税消费品、在建工程；用于管理部门、非生产机构、提供劳务；用于馈赠、赞助、集资、职工福利、奖励等方面的，在移送使用时纳税	从价定率：同类消费品售价或组成计税价格	
			从量定额：移送使用数量	
			复合计税：同类消费品售价或组成计税价格、移送使用数量	

委托加工应税消费品，应重点掌握委托加工应税消费品的界定。强调对于由受托方提供原材料生产的应税消费品，或者受托方先将原材料卖给委托方，然后再接受加工的应税消费品，以及由受托方以委托方的名义购进原材料生产的应税消费品等情况应如何处理。明确委托加工的应税消费品，受托方是法定的代收代缴义务人，由受托方在向委托方交货时代收代缴消费税。表 6 - 8 显示了委托加工中委托方与受托方的关系。

应清楚进口应税消费品组成计税价格的公式及其含义，明确进口的应税消费品，实行从量定额办法计算应纳消费税。

表 6 - 8　　　　委托加工中委托方与受托方的关系

	委托方	受托方
委托加工关系成立的条件	提供原料和主要材料	收取加工费和代垫部分辅料
加工及提货时涉及的税种	（1）购材料涉及增值税进项税额。 （2）支付加工费涉及增值税进项税额。 （3）委托加工应税消费品应缴纳消费税。	（1）买辅料涉及增值税进项税额。 （2）收取加工费和代垫辅料费涉及增值税销项税额。
消费税纳税环节	（1）提货时由受托方代收代缴（受托方为个人的除外）。 （2）对于受托方没有代收代缴消费税（含受托方为个人）的，收回后由委托方缴纳消费税。	（1）交货时代收代缴委托方应纳的消费税税款（受托方为个人的除外）。 （2）没有履行代收代缴义务的，税务机关向委托方收缴税款，对受托方处应代收代缴税款 50% 以上 3 倍以下的罚款。

续表

	委托方	受托方
代收代缴消费税后的相关处理	（1）以不高于受托方的计税价格直接出售的，不再缴纳消费税。 （2）以高于受托方的计税价格出售的，需按照规定申报缴纳消费税，在计税时准予扣除受托方已代收代缴的消费税。 （3）连续加工应税消费品后销售的，在出厂环节缴纳消费税，符合抵扣条件的，可按生产领用量计算抵扣已纳消费税。	及时解缴税款，否则按征管法规定惩处。

在组成计税价格公式的学习中，可运用比较法找出三个组成计税价格公式的共同点，即分母均为（1 - 消费税税率）。其实质是将不含消费税的价格（即只含成本和利润或相当于成本和利润的价格）换算为含消费税的价格，使组成计税价格 = 成本 + 利润 + 消费税税额。这与含增值税的销售额换算为不含增值税销售额的公式相反。

（3）出口退（免）税的计算。在学习增值税的基础上，重点强调出口应税消费品退（免）税范围的限定，通过与出口货物增值税退税率计算方法的比较，明确出口应税消费品应退消费税是按照消费税税法所规定的税率或单位税额计算的，用案例明确企业应将不同消费税税率的出口应税消费品分开核算和申报，凡划分不清适用税率的，一律从低适用税率计算应退消费税税额。同时，要强调如果出现出口的应税消费品办理退税后，发生退关或者国外退货进口时予以免税的情况，应如何处理。

（四）关税

本章的重点部分在于关税完税价格的确定、应纳关税税额的计算，以及关税税收征收管理的相关规定。关税由海关负责征收，在征收管理方面有不同于其他税收的地方，学习时应注意这些差别。

难点部分是完税价格的确定，关税的计算，以及进口环节应征增值税和消费税的计算。

对初学者而言，本章中关税进出口税则、关税完税价格等概念及关税完税价格的确定方法比较难以理解，应纳税额计算比较复杂，掌握有一定困难。在学习过程中，应反复研读教材，利用基本教材及学习辅导中的相关内容进行学习。课后要认真复习，多做练习，及时巩固。

1. 关税概述

关税概述这一部分主要阐述关税的概念、分类、特点以及关税法。

（1）关税的概念。关税是本章的起点，应注意“境”的概念：这里的“境”指的是关境，学习时应注意“国境”和“关境”的不同。

（2）关税的分类和特点。

①关税的分类。关税的分类方法很多，从税法学习的角度，着重要求同学们掌握关税按征税商品的流向分类的方法。按征税商品的流向分类，关税可分为进口关税、出口关税和过境关税。由于我国海关不征收过境税，所以可以重点讲解进口关税、出口关税。

②关税的特点。学习关税的特点有助于对关税的概念的理解和掌握。应明确以下特点：第一，关税在进出口环节征收，凡是进出关境的货物或物品才征收关税，凡未进出关境的货

物或物品则不属于关税的征税对象。货物或物品进出关境时按照统一实施的关税税则征收关税以后，就可以在整个关境内流通，不再另行征收关税。第二，关税的征税对象必须为国家所准许进出境的货物或物品。第三，国家征收关税不单纯是为了满足政府财政上的需要，更重要的是利用关税来贯彻执行统一的对外经济政策，实现国家的政治经济目的。第四，关税由海关总署及所属机构具体管理和征收，因而关税在征收管理方面有不同于其他税收的地方，不适用《中华人民共和国税收管理法》。

（3）关税法。现行的关税法律规范包括全国人民代表大会与2000年7月颁布的《中华人民共和国海关法》、国务院于2003年11月发布的《中华人民共和国进出口关税条例》和《中华人民共和国海关入境旅客行李物品和个人邮递物品征收进口税办法》等基本法规，以及由负责关税政策制定和征收管理的主管部门依据基本法规拟定的管理办法和实施细则等。

2. 关税的基本要素

关税的基本要素部分介绍了关税的征税对象、关税的纳税人、关税进出口税则，以及关税的优惠政策。

（1）关税的征税对象。学习时应注意两点：①关税的征税对象必须为国家所准许进出境的货物或物品；②关税的征税对象不仅是进出境的货物，还包括非贸易性的物品。

（2）关税的纳税人。根据关税征税对象的不同，关税的纳税人可分为进出口货物的纳税人和进出境物品的纳税人。

（3）关税进出口税则。《中华人民共和国进出口税则》是我国海关据以征收关税的法律依据之一，是我国关税政策的具体体现，其主体是关税的税目税率表。税则商品分类目录即关税税日表，将种类繁多的商品加以综合，按照商品的不同生产部类，或按照商品的自然属性、功能、用途把商品分为不同的类、章、目，便于查找和征税管理。我国现行的税则商品共分为21类，97章，进口税则的税目总数为7316个，出口税则税目总数为36个。我国的进出口货物的关税税率分为两个部分：进口货物关税税率和出口货物关税税率。进口货物关税税率采用复式税则，共设有四档税率，分别是最惠国税率、协定税率、特惠税率、普通税率。对来自不同国家的进口商品按不同的税率征税，具体税率的适用，由国务院关税税则委员会决定。

（4）关税的优惠政策。关税减免分为法定减免、特定减免和临时减免。根据《海关法》规定，除法定减免税外的其他减免均由国务院决定。

3. 关税应纳税额计算

关税应纳税额的计算主要介绍了进、出口关税完税价格的确定，以及关税应纳税税额的计算。

（1）关税完税价格。完税价格分为进口货物完税价格的确定和出口完税价格的确定。一般进口货物以海关审定的成交价格为基础的到岸价格（CIF价）为完税价格，包括货价及货物运抵我国关境内输入地点起卸前的运输及其相关费用、保险费。出口货物的完税价格，由海关以该货物向境外销售的离岸价格（FOB价）为基础审查确定，包括货物运至我国境内输出地点装载前的运输及其相关费用、保险费，但其中包含的出口关税税额，应当扣除。

（2）关税应纳税税额的计算。我国对出口货物的关税都是采用从价计税的方法；对进口货物，关税计征方法以从价税为主，部分商品实行从量税、复合税和滑准税。关税计征方法不同，应纳税额的计算也不同。

4. 关税的征收管理

关税的征收管理这一部分主要介绍了关税的申报与缴纳；关税的保全以及强制执行；关税的退还、补征和追征；关税的纳税争议的处理。

三、同步练习

（一）名词解释

1. 商品流转额

2. 增值税

3. 消费税

4. 关税

（二）填空题

1. 国际上一般称流转税为________________。

2. 流转税的计税依据是________________。

3. 出口货物退税的计算方法主要有三种：________________、________________和________________。

4. 凡在我国境内销售货物或者提供________________劳务以及进口货物的单位和个人均为增值税的纳税人。

5. 世界各国的增值税制度在实施的范围上有所不同，包括________________和________________两种类型。

6. 我国增值税实行凭________________扣税的方法。

7. 从事货物批发或零售的纳税人，年应征增值税销售额在________万元以下的是小规模纳税人。

8. 以 3 日、5 日、10 日或 15 日为一期的增值税纳税人，纳税期满后________内预缴税款，次月________内结清上月应纳税款并申报纳税。

9. 纳税人的纳税期限，由________根据纳税人应纳税额的大小分别核定。

10. 纳税人销售货物或者提供应税劳务，应向购买者开具增值税专用发票，并在专用发票上分别注明________和________。

11. 进口应税消费品，于报关进口后________日内申报纳税。

12. 消费税计税依据采取________和________两种方法。

13. 进口应纳消费税消费品应按规定的________价格计税。

14. 纳税人转让其他无形资产，应当向其________主管税务机关申报纳税。

15. 关税的征税对象是进出________或________的货物和物品。

16. 纳税人生产销售（包括到外地自销或者委托外地代销）以及自产自用的应税消费品，除另有规定者外，均应在________地缴纳消费税。

17. 纳税人销售货物或者提供应税劳务的缴纳增值税的纳税时间为________或者________的当天。

18. 关税税率分________和________两种。

19. 金融业（不包括典当业）的纳税期限为一个________，保险业的纳税期限为一个________。

（三）单项选择题

1. 我国关税的征收部门是(　　)。

A. 财政部门　　B. 税务机关
C. 审计部门　　D. 海关

2. 进出口货物的收发货人或其代理人，应当在海关签发税款缴纳凭证的次日起(　　)日内，向指定的银行缴纳税款。

A. 3　　B. 5
C. 10　　D. 15

3. 以 1 个月为一期的增值税纳税人，于期满后(　　)日内申报纳税。

A. 1　　B. 5
C. 10　　D. 30

4. 我国增值税对购进农产品的扣除率为(　　)。

A. 7%　　B. 10%
C. 11%　　D. 17%

5. 缴纳消费税不可以采用的纳税方法是(　　)。

A. 三自纳税　　B. 自报核缴
C. 年终汇缴　　D. 定期定额

6. 进口货物的增值税由(　　)征收。

A. 进口地税务机关　　B. 海关
C. 交货地税务机关　　D. 进口方机构所在地税务机关

7. 委托加工应纳消费税消费品，受托方于(　　)时代收代缴税款。

A. 接受委托　　B. 加工完成

C. 收取加工费用　　D. 委托方提货

8. 一般纳税人的下列行为中，应计算缴纳增值税的是(　　)。

A. 销售其自行开发的软件产品　　B. 将购买的货物作为福利发给职工

C. 利用城市生活垃圾生产电力　　D. 转让企业全部产权涉及的应税货物

9. 增值税一般纳税人的下列各项活动中，允许抵扣进项税额的是(　　)。

A. 自来水公司购进独立核算水厂的自来水

B. 废旧物资回收经营单位销售收购的废旧物资

C. 经人民银行批准经营融资租赁业务的单位将出租货物的所有权转让给承租方

D. 购进装饰材料用于办公楼的修缮

10. 某增值税一般纳税人销售一台 2008 年购进的设备，取得含税销售额 4 万元，设备原价为 3 万元，则该纳税人(　　)。

A. 需要缴纳增值税 769 元　　B. 需要缴纳增值税 170 元

C. 不需要缴纳增值税　　D. 需要缴纳增值税 777 元

11. 下列企业中享受增值税出口退税的有(　　)。

A. 属小规模纳税人的生产企业

B. 无出口经营权而委托外贸代理的生产企业（一般纳税人）

C. 出口计划内卷烟的生产企业

D. 购进免税农产品出口的外贸企业

12. 某汽车制造厂为一般纳税人，下列可以开具增值税专用发票的情形有(　　)。

A. 向汽车贸易公司销售汽车　　B. 向一小规模纳税人销售汽车

C. 用于有奖销售的奖品　　D. 用于本企业接送职工的班车

13. 下列情况中，适用免、抵、退税收政策的是(　　)。

A. 生产企业出口铜、铜基合金

B. 来料加工复出口的货物

C. 外贸企业出口货物

D. 出口兼内销的生产企业自营出口或委托外贸代理出口

14. 下列各项中，符合消费税纳税义务发生时间规定的是(　　)。

A. 进口的应税消费品，为取得进口货物的当天

B. 自产自用的应税消费品，为移送使用的当天

C. 委托加工的应税消费品，为支付加工费的当天

D. 采取预收货款结算方式，为收到预收款的当天

15. 下列应税消费品中，应在零售环节征收消费税的有(　　)。

A. 化妆品　　B. 珠宝玉石

C. 金银首饰　　D. 镀金（银）首饰

16. 以下应税消费品中，适用定额税率的有(　　)。

A. 粮食白酒　　B. 薯类白酒

C. 黄酒　　D. 其他酒

17. 委托加工应税消费品征收消费税的环节为(　　)。

A. 交付原材料时　　B. 加工时

C. 加工完毕交货时　　D. 支付加工费时

(四) 多项选择题

1. 我国增值税税率有(　　)。

A. 16%　　B. 10%

C. 6%　　D. 5%

E. 3%

2. 增值税的纳税期限为(　　)。

A. 1 日　　B. 3 日

C. 5 日　　D. 10 日

E. 15 日或 1 个月

3. 在(　　)情况下，只开具普通发票而不开具增值税专用发票。

A. 向消费者销售货物或者提供应税劳务的

B. 销售免税货物的

C. 销售时给消费者销售折扣

D. 小规模纳税人销售货物或者提供应税劳务的

E. 向小规模纳税人销售货物或者提供应税劳务的

4. 世界各国的增值税制度对固定资产的处理不同包括(　　)。

A. 消费型　　B. 间接型

C. 收入型　　D. 生产型

E. 单一型

5. 消费税是国家为体现消费政策，对(　　)的应税消费品征收的一种税。

A. 生产　　B. 进口

C. 消费　　D. 加工

E. 委托加工

6. 消费税的纳税人包括从事生产和进口应税消费品的(　　)。

A. 国有企业、集体企业　　B. 私有企业

C. 股份制企业　　D. 合营企业、合作企业、合伙企业

E. 外商投资企业和外国企业

7. 关税的纳税人为进出口货物的(　　)。

A. 收货人　　B. 发货人

C. 消费者　　D. 购买者

E. 代理人

8. 下列物品中采用从价定率办法计征消费税的消费品有(　　)。

A. 黄酒　　B. 甲、乙类卷烟、雪茄烟、烟丝

C. 粮食白酒　　D. 贵重首饰

E. 化妆品、护肤护发品

9. 下列物品中属于消费税征收范围的有(　　)。

A. 家用电器　　B. 烟酒
C. 汽车　　D. 鞭炮、焰火
E. 汽油和柴油

10. 下列情况属于未按规定保管专用发票的有(　　)。
A. 未设专人保管专用发票　　B. 税款抵扣联未按要求装订成册
C. 丢失专用发票　　D. 未建立专用发票管理制度

11. 下列项目中，能从计税销售额中扣除的有(　　)。
A. 销售折扣额
B. 销售折让额
C. 销售退货额
D. 折扣销售的销售额和折扣额在同一张发票上

12. 下列进口货物中，需缴纳进口环节增值税的有(　　)。
A. 国外捐赠货物
B. 进口人购进后自用的办公设备
C. 国内出口转内销货物
D. 直接用于教学、科研的进口设备、仪器

13. 下列纳税人经营活动中，需纳消费税的有(　　)。
A. 汽车交易市场销售汽车　　B. 商店销售的卷烟
C. 外贸公司进口的化妆品　　D. 加工厂受托加工的烟丝

14. 以下企业出口应税消费品不得退税的有(　　)。
A. 外贸单位收购后出口　　B. 外商投资生产企业自营出口
C. 生产单位自营出口　　D. 生产单位委托出口

15. 营业税的纳税期限是(　　)。
A. 保险业为1个月　　B. 金融业为1个月
C. 保险业为1个季度　　D. 金融业为1个季度

(五) 判断题

1. 增值税的进项税额是纳税人销售货物或提供应税劳务所负担的增值税税额。(　　)
2. 我国增值税采用累进税率征税。(　　)
3. 计算增值税的增值额是指法定增值额，与理论上的增值额是完全相同的。(　　)
4. 流转税属于直接税。(　　)
5. 现行的《消费税暂行条例》是1994年开始实施的。(　　)
6. 我国消费税暂行条例规定对纳税人出口的应税消费品免征消费税（国务院另有规定的除外)。(　　)
7. 增值税的进项税额一定是发票上注明的，而不是计算的。(　　)
8. 增值税的减免权限高度集中，只有省级以上的行政机关才有减免税权，其他任何部门和地区都无权减免税。(　　)
9. 所有增值税均由税务机关征收。(　　)
10. 消费税的计税依据是含消费税和增值税的销售价格。(　　)
11. 最惠国待遇已经成为世界贸易组织的基本原则之一。(　　)

12. 纳税人转让土地使用权，应当向所有人户籍所在地主管税务机关申报纳税。( )

13. 消费税的调节范围主要包括特殊消费品、奢侈品、高能耗消费品、不可再生的稀缺资源消费品和税基宽广、消费普遍、征税不会影响人民群众生活水平的项目。( )

14. 从事货物生产或提供应税劳务的纳税人，以及以从事货物生产或提供应税劳务为主，并兼营货物批发或零售的纳税人，年应征增值税销售额在180万元以下的是小规模纳税人。( )

15. 固定业户到外县（市）销售货物的，向其机构所在地主管税务机关申报纳税。( )

16. 总机构和分支机构不同在同一县（市）的增值税纳税人，应分别向各自所在地主管税务机关申报纳税。( )

17. 应税消费品的生产者将应税消费品与非应税消费品以及适用税率不同的应税消费品组合产制、出售，在计算应纳消费税时应按组合产制品的销售全额依应税消费品的最高税算。( )

18. 消费税一律不得减税、免税，对于出境的消费品也不免税。( )

（六）问答题

1. 简述我国现行流转税的特点。

2. 增值税有哪些优点？

3. 增值税的一般纳税人和小规模纳税人如何划分？

4. 我国增值税制度中不得抵扣的进项税额包括哪些？

5. 简述消费税的特点。

6. 关税有哪些特点？关税有哪几种分类？

四、实训题

［实训 1］

实训目的：练习增值税应纳税额的计算。

案情说明：某公司为增值税一般纳税人，2018 年 4 月，发生以下经济业务：

（1）外购原材料一批，全部价款已付并验收入库。对方开具的增值税专用发票注明的货款（不含增值税）为 40 万元，运输单位开具增值税专用货运发票注明的运费金额为 1 万元。

（2）进口生产用的辅助材料一批，关税完税价格 10 万元，已纳关税 1.5 万元。

（3）外购建筑涂料用于装饰公司办公楼，取得对方开具的增值税发票上注明的增值税税额为 9 万元，已办理验收入库手续。

（4）销售产品一批，取得销售额（含增值税）105.3 万元。

已知：该公司月初增值税进项税余额为零，增值税税率为 16%；支付的运输费用按 10% 税率计算进项税额。

实训要求：

（1）计算该公司进口辅助材料应纳增值税税额。

（2）计算该公司 4 月份增值税销项税额。

（3）计算该公司 4 月份增值税进项税额。

（4）计算该公司 4 月份应纳增值税税额。

［实训2］

实训目的： 练习进口环节增值税的计算。

案情说明： 某进出口公司当月进口办公设备500台，每台进口完税1.4万元，当月以每台2.34万元的含税价格售出400台，本公司自用20台，向红十字会捐赠2台。

实训要求：

计算该企业当月应纳增值税（假设进口关税税率15%）。

［实训3］

实训目的： 增值税应纳税额综合业务的计算。

案情说明： 某企业为增值税一般纳税人，2018年10月，发生以下业务：

（1）该企业采用分期收款方式出售机器一台，该企业无同类机器售价，成本5万元。按合同规定本月预收货款3万元，下月对方可付清货款并提货。

（2）该企业从某服装厂购入工作服200套，每套300元。该企业取得增值税专用发票后，在当期还未进行进项税额的抵扣，仓库盘存发现库存只有100套，100套丢失。

（3）某医疗机构请该企业代为生产轮椅。该企业用上期购进的材料等生产轮椅30辆，已知生产每辆轮椅耗用的原材料为850元。

（4）该企业当月还销售机器20台，每台销售额为4万元；赠送关联企业同型号机器1台；当期取得允许抵扣的增值税专用发票上注明的进项税额为25400元。

实训要求：

根据以上资料计算该企业当期应缴纳的增值税（以上价格均不含增值税）。

[实训 4]

实训目的：一般纳税人应纳税额综合计算。

案情说明：某家具厂（一般纳税人）主要生产 A、B、C 型三种系列家具（每套不含税售价分别为 20000 元、10000 元、5000 元），同时承接加工定制业务。2019 年 3 月外购项目如下（外购货物当月均已验收入库）：

（1）从物资公司购进原木一批，专用发票注明价款 900000 元，增值税款 117000 元。另支付运杂费 9500 元，并取得销货方转交的铁路货运增值税专用发票。

（2）直接从林场购进原木一批，支付买价 100000 元。另支付运费 1000 元，尚未取得货运发票。

（3）从木材交易市场购进锯材一批，专用发票注明价款 300000 元，增值税款 51000 元。

（4）从五金经营部（小规模纳税人）购进辅助材料一批，取得普通发票，价税合计 3120 元。

（5）从装潢材料商店购进油漆一批，专用发票注明价款 5000 元，增值税款 850 元。另支付运费 50 元，取得定额发票。

（6）从机械厂购进木工机械 2 台，专用发票注明价款 16000 元，增值税款 2720 元。另支付运费 300 元，取得增值税专用货运发票。

（7）从商场购进夏令用品（非劳保用品）一批，发放给职工个人，专用发票注明价款 20000 元，增值税款 3400 元。

（8）收回上月委托某雕刻厂加工的家具装饰附件一批，并支付加工费，专用发票注明加工费 3000 元，增值税款 510 元。

（9）购进生产用水 1000 元，专用发票注明增值税款 130 元；购进生产用电 4000 元，专用发票注明增值税款 680 元。

（10）发生火灾，损失原木一批（系上月从林场购入），账面价格 9000 元；损失 C 型家具 2 套（成本价每套 4000 元）。外购项目（系上月外购锯材）占产品成本的比重为 80%。

该厂本月销售货物情况如下：

（1）采用直接收款方式销售给六大家具商场（一般纳税人）A、B、C 型家具各 10 套、30 套、30 套。货物发出，货款已收，送货上门，同时收取运输装卸费共 2340 元。

（2）通过本厂非独立核算的家具专卖店直接销售给消费单位及居民 A、B、C 型家具共 17 套，共收取货款 163800 元。

（3）采用分期收款方式为一新开张的公司定制办公用品一批，不含税价款 100000 元，货已发出，合同规定本月到期货款 50000 元，但本月尚未收到货款。

（4）委托某家具商场代销家具，本月底收到代销清单注明已售 A、B、C 型家具各 2 套、4 套、5 套。货款已收，支付代销手续费 4200 元。

（5）因质量问题，一家具商场上月所购该厂B、C型家具各1套要求退货，经协商给予5%折让，收到“证明单”，重新开具专用发票，退还价款750元，增值税款127.5元。

（6）采用以旧换新方式销售C型家具5套，收购旧家具支付价款共1400元。

（7）提供原料为某校加工课桌椅20套，每套价税合计234元，货已发出，款项已收。同类产品每套加工费40元。

（8）为某公司加工制作办公桌椅30套（原料由委托方提供），每套加工费60元，货已发出，款项已收。同类产品每套不含税售价300元。

（9）前期采用还本销售方式销售家具，本月支付已到期的还本支出2000元。

（10）月初参加外省举办的一大型家具展销会（持有其主管税务机关签发的“外出经营活动税收管理证明”），现场销售A型家具5套，货已发出，款项已收；另收取10套A型家具预收款，其中价款200000元，增值税款34000元，本月发出4套。

（11）为一筹建中的敬老院加工制作并通过民政局无偿捐赠家具一批，实际生产成本为20000元。

（12）将自产C型家具3套用于本厂职工宿舍。

实训要求：根据上述资料，计算该厂当月应纳增值税税额。

［实训5］

实训目的：小规模纳税人应纳增值税款的计算。

案情说明：某商店为增值税小规模纳税人，2018年8月，取得零售收入总额12.48万元。

实训要求：计算该商店2018年8月应缴纳的增值税税额。

［实训 6］

实训目的：进口货物应纳税额的计算。

某进出口公司（一般纳税人）2018 年 9 月报关进口摄像机 200 台，每台关税完税价格为 12000 元，进口关税税率 60%。已交进口关税和海关代征的增值税，并已取得增值税完税凭证。当月销售出其中的 100 台，不含税售价 24000 元。

实训要求：根据以上资料，计算该公司当月进口环节和销售环节应纳的增值税额。

［实训 7］

实训目的：出口货物退税的计算。

案情说明：某自营出口的生产企业为增值税一般纳税人，适用的增值税税率 16%，退税率 15%。2018 年 11 月和 12 月的生产情况如下：

（1）11 月份：外购原材料、燃料取得增值税专用发票，注明支付价款 850 万元、增值税税额 136 万元，材料、燃料已验收入库；外购动力取得增值税专用发票，注明支付价款 150 万元、增值税税额 24 万元，其中 20% 用于企业基建工程；以外购原材料 80 万元委托某公司加工货物，支付加工费取得增值税专用发票，注明价款 30 万元、增值税税额 4.8 万元，支付加工货物的运输费用 10 万元，并取得运输公司开具的普通发票。内销货物取得不含税销售额 300 万元，支付销售货物运输费用 18 万元，并取得运输公司开具的普通发票；出口销售货物取得销售额 500 万元。

（2）12 月份：免税进口料件一批，支付国外买价 300 万元，运抵我国海关前的运输费用、保管费和装卸费用 50 万元，该料件进口关税税率 20%，料件已验收入库；出口货物销售取得销售额600万元；内销货物600件，开具普通发票，取得含税销售额140.4万元；将与内销货物相同的自产货物200件用于本企业基建工程，货物已移送。

实训要求：

（1）采用“免、抵、退”法计算企业2018年11月应纳（或应退）的增值税。

（2）采用“免、抵、退”法计算企业2018年12月应纳（或应退）的增值税。

［**实训8**］

实训目的：视同销售应税消费品应纳消费税计算。

案情说明：某卷烟厂新研制出一种雪茄烟，提供100大箱用于某博览会样品并分送参会者。由于难以确定销售价格，因此，只能按实际生产成本800元/大箱计算价格，已知其成本利润率为10%，消费税税率为25%。

实训要求：计算这100大箱应纳的消费税税额。

［**实训9**］

实训目的：委托加工应税消费品应纳消费税计算。

案情说明：某汽车公司委托某轮胎厂加工汽车轮胎1000套，橡胶由汽车公司提供，共计2100公斤，每套轮胎材料成本130元，轮胎厂加工一套汽车轮胎的加工费是35元，代垫辅助材料15元。该厂没有同类轮胎销售价格。

实训要求： 计算受托方代收代缴委托方应纳的消费税税额。

[**实训10**]

实训目的： 进口应税消费品应纳消费税计算。

案情说明： 某进出口公司从国外进口同一品牌型号的小轿车60辆，每辆轿车海关核定的到岸价格为12万元。已知小轿车适用的关税税率为30%，消费税税率为9%。

实训要求： 计算进口小轿车应纳的增值税和消费税税额。

[**实训11**]

实训目的： 综合业务消费税应纳税额计算。

案情说明： 某卷烟厂生产销售卷烟和烟丝，2018年8月发生如下经济业务：

（1）8月1日，期初结存已税烟丝20吨，单价10万元。

（2）8月3日，购进已税烟丝60吨，单价10万元，取得增值税专用发票，烟丝已于8月10日入库。

（3）8月6日，发往E市B烟厂烟叶一批，委托B烟厂加工烟丝，发出烟叶成本150000元，支付加工费用60000元（不含税价），B烟厂开具了增值税专用发票，并代扣代缴了消费税、城建税和教育费附加。

（4）8月20日，委托B烟厂加工的烟丝收回，一半对外销售，取得收入280000元，生产卷烟领用另一半。

（5）8月27日，销售卷烟1000箱，取得收入10000000元，零售20箱，取得含税收入351000元。

（6）8月28日，没收逾期未收回的卷烟包装物押金23400元。8月31日，库存外购已税烟丝5吨，单价10万元。

实训要求：计算该烟厂当月应纳各种流转税税额（费）。

[实训12] 小张的疑惑

实训目的：通过模拟实训，使学生熟练掌握关税纳税义务人的概念及相关规定，以及关税税收征收管理的规定。

案情说明：居民小张到日本探亲，回来后帮邻居带了一部佳能相机。10月12日入关时，海关对其随身携带的这部相机按购货发票和适用税率征收了进口关税，并开出了完税证明。小张感到很纳闷，为邻居买的相机为什么要自己交税呢？11月下旬，小张听说进口关税下调了，马上到海关口头要求对其完税凭证上的适用税率进行复查，但海关没有处理。

实训要求：请根据上述资料，分析原因。

[实训 13] 关税的计算

实训目的：通过模拟实训，使学生熟练掌握关税完税价格的确定，关税应纳税额的计算。

案情说明：某具有进出口经营权的企业发生以下进口业务：

（1）采取进料加工方式进口免税原材料，国外成交价为 200 万元，发生运费 2 万元，保险费为 0.8 万元；70% 加工出口，30% 加工内销，销售价为 100 万元。

（2）把一项设备运往境外修理，设备价 120 万元，修理费 10 万元，材料费 12 万元，运输费 2 万元，保险费 0.8 万元。

（3）以租赁方式进口一项设备，设备价 200 万元，支付的租金 20 万元。

（4）免税进口一项设备，设备价 160 万元，海关监管期 4 年，企业使用 18 个月转售。

（5）进口一批材料，境外成交价 400 万元，无运输和保险费，按同期公布的同地运费率为价格的 1%。

（6）进口一批货物 200 万元，发现其中 10% 有严重质量问题退货，出口方同意更换，当期企业取得更换产品，原货物已经退关。

（7）采取补偿贸易形式进口符合《外商投资企业指导目录》鼓励类自用设备 600 万元，运输费 4 万元，保险费 2 万元。

实训要求：上述设备、货物的进口关税率均为 15%。计算各项业务应纳关税额。

[实训 14] 关税、消费税、增值税的计算

实训目的：通过模拟实训，使学生熟练掌握关税完税价格的确定、关税应纳税额的计算，掌握进口环节应缴纳的关税、消费税、增值税的计算。

案情说明：某市大型商贸公司为增值税一般纳税人，2014 年 12 月进口化妆品一批，支付国外的买价 220 万元、国外的采购代理人佣金 6 万元、国外的经纪费 4 万元；支付运抵我国海关地前的运输费用 20 万元、装卸费用和保险费用 11 万元；支付海关地再运往商贸公司的运输费用 8 万元、装卸费用和保险费用 3 万元。关税税率为 20%，消费税税率为 30%。

实训要求： 计算该公司进口环节应缴纳的关税、消费税和增值税。

［实训 15］关税、消费税、增值税的计算

实训目的： 通过模拟实训，使学生熟练掌握关税完税价格的确定，关税应纳税额的计算，掌握进口环节应缴纳的关税、消费税、增值税的计算。

案情说明： 有进出口经营权的某外贸公司，2018 年经有关部门批准从境外进口小轿车 30 辆，每辆小轿车货价 15 万元，运抵我国海关前发生的运输费用、保险费用无法确定，经海关查实其他运输公司相同业务的运输费用占货价的比例为 2%。该公司向海关缴纳了相关税款，并取得了完税凭证。

实训要求： 试计算小轿车在进口环节应缴纳的关税、消费税和增值税。

第七章

所　得　税　制

一、重点、难点

（一）木章重点

企业应纳税所得额的确定，包括收入总额的确定、扣除项目和不得扣除项目。应纳企业所得税额的计算，尤其是年终汇算清缴时已纳税款的抵免。个人所得税的征税范围、纳税人、应纳个人所得税税额的计算。

（二）木章难点

企业所得税计税依据的确定，税款计算与企业所得税申报表的衔接和联系。居民与非居民的划分及其税法的相关规定，个人所得税的计算。

二、学习要求和注意事项

了解企业所得税的主体税种的地位和作用，掌握运用企业所得税税收政策法规，正确分析计算应纳企业所得税款的手段和方法，学会运用法规判析纳税人缴纳企业所得税正确与否。培养确定应纳税所得额、准确运用税率的能力，掌握运用个人所得税政策法规，分析计算应纳个人所得税的方法，学会代扣代缴和自行申报纳税两种税款征收方式，为将来从事经济工作打下基础。

所得税是就企业和个人取得的所得征收的一种税。“人”有自然人和法人之分，所以所得税也分为对自然人征收的个人所得税和对法人征收的企业所得税。在我国，企业是指依法成立，以盈利为目的，从事生产经营活动、独立核算的经济组织，它包括法人，也包括非企业法人。纳税人又因税收管辖权的不同分为居民纳税人和非居民纳税人两类。而企业和个人的划分标准是不同的，企业以其总机构所在地为标准；个人以住所或居住时间为标准。再如，前面学过的对商品劳务的课税，只限于发生在我国境内商品劳务课税。而对所得的课税，则强调来源于我国境内、外的所得课税，这是由于大多数国家都同时行使两种税收管辖权，这样就会产生国际重复征税，为消除其消极影响，就有了境外已纳税款扣除抵免的规定。需要注意的是，我国的企业所得税实行的是综合所得税制，个人所得税实行的是分类所得税制，因此两者在计税方法、税率、费用扣除以及税款的申报缴纳和境外已纳税款的扣除抵免等方面有所区别。本章是全书的重点之一。

（一）所得税制概述

1. 明确所得税概念的含义

所得额是收益额的一种。收益额可分为纯收益额和总收益额，其中，纯收益额也称所得额，是指自然人、法人和其他经济组织从事生产、经营等项活动获得的收入，减去相应的成本之后的余额；总收益额是指纳税人的全部收入。

对所得额的课税最早兴起于英国，目的在于应付由战争引起的庞大的经费开支，开始只是一个临时性的税种，随着战争的发生和停止时兴时废，因此又有“战时税”之称，直到1874年才成为英国税制中的一个永久性税种，以后又相继被世界各国所采用。

对所得额的课税不同于对流转额的课税。从一个工商企业来看，流转额是指企业商品或劳务的销售收入额，所得额则是指企业的利润额。流转额只与商品的销售收入有关，不受成本高低的影响。所得额则不同，它直接受成本规模的影响，在价格一定的情况下，成本越高，收益越少；成本越低，收益越高。因此，对所得额的课税能使税收收入比较准确地反映国民收入的增减变化情况；对所得额课税，属于直接税，税负不能转嫁，征纳双方的关系比较明确，税收的增减变动对物价也不会产生直接的影响，有利于更好地发挥税收的调节作用。

2. 理解掌握所得税的特点及功能

这部分知识要把所得税与流转税相比较，加以理解和掌握。

（二）企业所得税

1. 企业所得税的概念、特点

（1）企业所得税的概念。企业所得税是对我国境内的企业和其他取得收入的组织的生产经营所得和其他所得征收的一种税收。

（2）企业所得税的特点。它是以应纳税所得额为课税对象，税源大小受企业经济效益的影响；征收以量能负担为原则；将企业划分为居民企业和非居民企业；实行按年计征、分期预缴的办法。可采用与其他税种进行比较的方法进行掌握。

2. 企业所得税的基本要素

这是本章重点内容，介绍了企业所得税的纳税人、征税对象、税率、优惠政策。

（1）纳税人。根据企业纳税义务的宽窄将企业所得税的纳税人分为居民企业和非居民企业。注意：①居民企业与非居民企业的判断标准；②纳税义务人与扣缴义务人的区别。

（2）征税对象。企业所得税的征税对象是指企业的生产经营所得、其他所得和清算所得。注意区分不同来源对象的内容及相关规定。

（3）税率。企业所得税税率分为基本税率和优惠税率。注意在学习中应用比较法区分基本税率和优惠税率的适用范围。

（4）优惠政策。税收优惠政策是指国家运用税收政策在税收法律、行政法规中规定对某一部分特定纳税人和课税对象给予减轻或免除税收负担的一种措施。《中华人民共和国企业所得税法》规定的企业所得税的税收优惠方式包括免税减税、加计扣除、加速折旧、减计收入、税额抵免等。注意在学习中理解和掌握企业所得税的税收优惠主要内容和税收优惠标准。

3. 企业所得税税额的计算

这是本章重点内容，介绍了应纳税所得额的确定、各项资产的税务处理、关联企业的税务处理、企业所得税应纳税额的计算、境外所得抵扣税额的计算。

（1）应纳税所得额的确定。应纳税所得额是企业所得税的计税依据。《中华人民共和国企业所得税法》规定，应纳税所得额为企业每一个纳税年度的收入总额，减除不征税收入、免税收入、各项扣除，以及允许弥补的以前年度亏损后的余额。计算公式为：

应纳税所得额 = 收入总额 - 不征税收入 - 免税收入 - 各项扣除 - 以前年度亏损

①收入总额包括：销售货物收入、提供劳务收入、转让财产收入、股息和红利等权益性投资收益、利息收入、租金收入、特许权使用费收入、接受捐赠收入、其他收入。

②不征税收入包括：财政拨款、依法收取并纳入财政管理的行政事业性收费、政府性基金、国务院规定的其他不征税收入。

③免税收入包括：国债利息收入、符合条件的居民企业之间的股息和红利等权益性投资收益、在中国境内设立机构场所的非居民企业从居民企业取得与该机构场所有实际联系的股息和红利等权益性投资收益、符合条件的非营利组织的收入。

④各项扣除包括：成本、费用、税金、损失和其他支出。

注意各项扣除标准的把握和正确的计算，具体包括：工资薪金支出、职工福利费支出、工会经费、职工教育经费、社会保险费、利息支出、借款费用、广告和业务宣传费、租赁费、劳动保护费、公益性捐赠支出、有关资产的费用、资产损失、汇兑损失、税法规定准予扣除的其他项目。

⑤以前年度亏损是指企业纳税年度发生的亏损，准予向以后年度结转，用以后年度的所得弥补，但结转年限最长不得超过5年。表7-1显示的是各类收入的确认时间。

表7-1 各类收入的确认时间

<table>
<tr><th colspan="2">收入类别</th><th>具体规定</th></tr>
<tr><td rowspan="2">一般收入</td><td>销售货物收入</td><td>（1）销售商品采用托收承付方式的，在办妥托收手续时确认收入。
（2）销售商品采用预收款方式的，在发出商品时确认收入。
（3）销售商品需要安装和检验的，在购买方接受商品以及安装和检验完毕时确认收入。如果安装程序比较简单，可在发出商品时确认收入。
（4）销售商品采用支付手续费方式委托代销的，在收到代销清单时确认收入。</td></tr>
<tr><td>提供劳务收入</td><td>（1）安装费。应根据安装完工进度确认收入。安装工作是商品销售附带条件的，安装费在确认商品销售实现时确认收入。
（2）宣传媒介的收费。应在相关的广告或商业行为出现在公众面前时确认收入。广告的制作费，应根据制作广告的完工进度确认收入。
（3）软件费。为特定客户开发软件的收费，应根据开发的完工进度确认收入。
（4）服务费。包含在商品售价内可区分的服务费，在提供服务的期间分期确认收入。
（5）艺术表演、招待宴会和其他特殊活动的收费。在相关活动发生时确认收入。收费涉及几项活动的，预收的款项应合理分配给每项活动，分别确认收入。
（6）会员费：
会籍会员费 + 所有其他商品或服务另行收费方式——取得该会员费确认收入。
会籍会员费 + 免费或低价销售商品或服务方式——受益期内分期确认收入。
（7）特许权费。属于提供设备和其他有形资产的特许权费，在交付资产或转移资产所有权时确认收入，属于提供初始及后续服务的特许权费，在提供服务时确认收入。
（8）劳务费。长期为客户提供重复的劳务收取的劳务费，在相关劳务活动发生时确认收入。</td></tr>
</table>

续表

收入类别		具体规定
一般收入	转让财产收入	指企业转让固定资产、生物资产、无形资产、股权、债权等财产取得的收入。 企业转让股权收入，应于转让协议生效、且完成变更手续时，确认收入的实现。
	股息、红利等权益性投资收益	除另有规定外，按照被投资方作出利润分配决定的日期确认收入实现。 被投资企业将股权（票）溢价所形成的资本公积转为股本的，不作为投资方企业的股息、红利收入，投资方企业也不得增加该项长期投资的计税基础。
	利息收入	按照合同约定的债务人应付利息的日期确认收入的实现。 对于兼具权益和债权双重特性的投资业务，同时符合5个条件的，按照债权性投资业务进行所得税处理。
	租金收入	按照合同约定的承租人应付租金的日期确认收入的实现。其中，如果交易合同或协议中规定租赁期限跨年度，且租金提前一次性支付的，根据收入与费用配比原则，出租人可对上述已确认的收入，在租赁期内，分期均匀计入相关年度收入。
	特许权使用费收入	按照合同约定的特许权使用人应付特许权费的日期确认收入的实现。
	接受捐赠收入	按照实际收到捐赠资产的日期确认收入的实现。
	其他收入	指企业取得的除上述收入以外的其他收入，包括企业资产溢余收入、逾期未退包装物押金收入、确实无法偿付的应付款项、已作坏账损失处理后又收回的应收款项、债务重组收入、补贴收入、汇兑收益等。
特殊收入	以分期收款方式销售货物	按照合同约定的收款日期确认收入的实现。
	采用售后回购销售商品	销售的商品按售价确认收入，回购的商品作为购进商品处理。有证据表明不符合销售收入确认条件的，如以销售商品方式进行融资，收到的款项应确认为负债，回购价格大于原售价的，差额应在回购期间确认为利息费用。
	以旧换新方式销售商品	销售商品应当按照销售商品收入确认条件确认收入，回收的商品作为购进商品处理。
	商业折扣条件销售	企业为促进商品销售而在商品价格上给予的价格扣除属于商业折扣，商品销售涉及商业折扣的，应当按照扣除商业折扣后的金额确定销售商品收入金额。
	现金折扣条件销售	债权人为鼓励债务人在规定期限内付款而向债务人提供的债务扣除属于现金折扣，销售商品涉及现金折扣的，应当按扣除现金折扣前的金额确定销售商品收入金额，现金折扣在实际发生时作为财务费用扣除。
	折让方式销售	企业因售出商品的质量不合格等原因而在售价上给予的减让属于销售折让；企业因售出商品质量、品种不符合要求等原因而发生的退货属于销售退回。企业已经确认销售收入的售出商品发生销售折让和销售退回，应当在发生当期冲减当期销售商品收入。

续表

收入类别		具体规定
特殊收入	“买一赠一”等方式组合销售	企业以“买一赠一”等方式组合销售本企业商品的，不属于捐赠，应将总的销售金额按各项商品的公允价值的比例来分摊确认各项的销售收入。
	持续时间超过12个月的劳务	企业受托加工制造大型机械设备、船舶、飞机，以及从事建筑、安装、装配工程业务或者提供其他劳务等，持续时间超过12个月的，按照纳税年度内完工进度或者完成的工作量确认收入的实现。
	采取产品分成方式取得收入	按照企业分得产品的日期确认收入的实现，其收入额按照产品的公允价值确定。
	非货币性资产交换以及货物、财产、劳务流出企业	企业发生非货币性资产交换，以及将货物、财产、劳务用于捐赠、偿债、赞助、集资、职工福利或利润分配等用途的，应当视同销售货物、转让财产和提供劳务，但另有规定的除外。

（2）各项资产的税务处理。企业的各项资产，包括固定资产、生物资产、无形资产、长期待摊费用、存货、投资资产等，以历史成本为计税基础。

①固定资产是指企业为生产产品、提供劳务、出租或者经营管理而持有的、使用时间超过12个月的非货币性资产，包括房屋、建筑物、机器、机械、运输工具，以及其他与生产经营有关的设备、器具、工具等。

把握：1）固定资产计税基础；2）固定资产折旧的范围；3）哪些固定资产不得计算折旧扣除；4）固定资产折旧的计提年限和折旧的计提方法。

②生产性生物资产是指企业为生产农产品、提供劳务或者出租等而持有的生物资产，包括经济林、薪炭林、产畜和役畜等。

把握：1）生物资产计税基础；2）生物资产折旧的计提年限和折旧的计提方法。

③无形资产是指企业长期使用但没有实物形态的资产，包括专利权、商标权、著作权、土地使用权、非专利技术、商誉等。

把握：1）无形资产计税基础；2）无形资产摊销的范围；3）哪些无形资产不得计算摊销费用扣除；4）无形资产的摊销方法及年限。

注意：在学习中应采用比较法区分固定资产、生物资产、无形资产的计税基础，计算范围，计提（摊销）方法及年限。

④长期待摊费用是指企业发生的应在一个年度以上或几个年度进行摊销的费用。

把握：长期待摊费用列支范围。

⑤存货是指企业持有以备出售的产品或者商品、处在生产过程中的在产品、在生产或者提供劳务过程中耗用的材料和物料等。

把握：1）存货的计税基础；2）存货的成本计算方法。

⑥投资资产是指企业对外进行权益性投资和债权性投资而形成的资产。

把握：1）投资资产成本的确定；2）投资资产成本的扣除方法。

（3）关联企业的税务处理。关联企业是指直接或间接被同一利益企业所拥有或控制或重大影响关系的企业。相互之间具有联系的各企业互为关联企业。

①关联企业的认定。关联企业是指“在资金、经营、购销等方面，存在直接或者间接的控制关系”“直接或者间接地同为第三者控制”“在利益上具有相关联的其他关系”。

②关联企业之间关联业务的税务处理。掌握不同情形下的税务处理。

③对关联企业所得不实的调整方法。有可比非受控价格法、再销售价格法、成本加成法、交易净利润法、利润分割法、其他符合独立交易原则的方法。

④企业不提供与其关联方之间业务往来资料，或者提供虚假、不完整资料，未能真实反映其关联业务往来情况的，税务机关有权依法核定其应纳税所得额。把握其核定方法。

⑤加收利息。企业实施其他不具有合理商业目的的安排而减少其应纳税收入或者所得额的，税务机关依照规定进行特别纳税调整后，除了应当补征税款外，并按照国务院规定加收利息。

（4）企业所得税应纳税额的计算。

①居民企业应纳税额的计算。居民企业应纳税额等于应纳税所得额乘以适用税率，减除税收优惠的规定减免和抵免的税额后的余额。计算公式为：

应纳税额 = 应纳税所得额 × 适用税率 − 减免和抵免税额

关键是确定应纳税所得额及减免和抵免税额。

应纳税所得额 = 收入总额 − 不征税收入 − 免税收入 − 各项扣除项目 − 弥补亏损

或 = 会计利润总额 ± 纳税调整项目金额

减免和抵免税额，按照税法的减、免规定计算。

②非居民企业应纳税额的计算。对于在中国境内未设立机构、场所的，或者虽设立机构、场所但取得的所得与其所设机构、场所没有实际联系的非居民企业的所得，按照下列方法计算应纳税所得额：1）股息、红利等权益性投资收益和利息、租金，特许权使用费所得，以收入全额为应纳税所得额。2）转让财产所得，以收入全额减除财产净值后的余额为应纳税所得额。3）其他所得，参照前两项规定的方法计算应纳税所得额。财产净值是指财产的计税基础减除已经按照规定扣除的折旧、折耗、摊销、准备金等后的余额。

重点把握三点：1）按收入全额计算应纳税额；2）按余额计算应纳税额；3）适用税率为 10%。

（5）境外所得抵扣税额的计算。企业取得的境外所得已在境外缴纳的所得税额，可以从其当期应纳税额中抵免，抵免限额为该项所得依照我国税法规定计算的应纳税额；超过抵免限额的部分，可以在以后 5 个年度内，用每年度抵免限额抵免当年应抵税额后的余额进行抵补。计算公式为：

抵免限额 = 中国境内、境外所得依照企业所得税法及条例规定计算的应纳税总额 × 来源某国（地区）的应纳税所得额 ÷ 中国境内、境外应纳税所得总额

注意：①上述以后 5 个年度是指从企业取得的来源于中国境外的所得，已经在中国境内缴纳的企业所得性质的税额超过抵免限额的当年的次年起连续 5 个纳税年度；②抵免限额应当分国（地区）不分项计算；③抵免限额为该项所得依照我国税法规定计算的应

纳税额。

4. 企业所得税的纳税申报与缴纳

这部分介绍了企业所得税的纳税年度、企业所得纳税的征收方法、企业所得纳税的纳税地点。

（1）企业所得税的纳税年度。企业纳税年度自公历1月1日起至12月31日止。企业在1个纳税年度中间开业，或者终止经营活动，使该纳税年度的实际经营期不足12个月的，应当以其实际经营期为1个纳税年度。企业依法清算时，应当以清算期间作为1个纳税年度。

（2）企业所得纳税的征收方法。企业所得税按年计征，分月或者分季预缴，年终汇算清缴，多退少补。分月或者分季预缴企业所得税时，应当按照月度或者季度的实际利润额预缴；按照月度或者季度的实际利润额预缴有困难的，可以按照上一纳税年度应纳税所得额的1/12或1/4预缴，或者按照经税务机关认可的其他方法预缴。预缴方法一经确定，该纳税年度内不得随意变更。

（3）企业所得纳税的纳税地点。①以企业登记注册地为纳税地点；②以实际管理机构所在地为纳税地点；③以机构、场所所在地为纳税地点；④以扣缴义务人所在地为纳税地点。具体纳税地点应根据居民企业和非居民企业的不同情况来确定。

（二）个人所得税

1. 个人所得税的纳税人

个人所得税的纳税义务人，包括中国公民、个体工商业户以及在中国有所得的外籍人员（包括无国籍人员，下同）和香港、澳门、台湾同胞。上述纳税义务人依据住所和居住时间两个标准，区分为居民和非居民，分别承担不同的纳税义务，见表7－2。

表7－2

纳税义务人	判定标准	征税对象范围
1. 居民纳税人 （负无限纳税义务）	（1）在中国境内有住所的个人。 （2）在中国境内无住所，而在中国境内居住满183天的个人。 “临时离境”是对境内居住的天数和境内实际工作时间的新规定。	境内所得 境外所得
2. 非居民纳税人 （负有限纳税义务）	（1）在中国境内无住所且不居住的个人。 （2）在中国境内无住所且居住不满183天的个人。	境内所得

（学习注意：严格按时间和地点两个标准区分居民纳税人和非居民纳税人。）

无住所个人一个纳税年度内在中国境内累计居住天数，按照个人在中国境内累计停留的天数计算。在中国境内停留的当天满24小时的，计入中国境内居住天数，在中国境内停留的当天不足24小时的，不计入中国境内居住天数。

对在中国境内、境外机构同时担任职务或仅在境外机构任职的境内无住所个人，对其入境、离境、往返或多次往返境内外的当日，均按半天计算为在华实际工作天数。

个人独资企业和个人合伙企业投资者也为个人所得税的纳税义务人。

2. 个人所得税的应税税率

个人所得税依照所得项目的不同，分别确定了两种类别的所得税税率，见表7－3：

表7－3

税　　率	应　税　项　目
七级超额累进税率	工资薪金所得。
五级超额累进税率	（1）个体工商户生产、经营所得。
	（2）对企事业单位承包经营、承租经营所得。 ①对经营成果拥有所有权：五级超额累进税率。 ②对经营成果不拥有所有权：七级超额累进税率。
比例税率20%（8个税目） 特别掌握：其中有4个税目有加征或减征	（1）劳务报酬所得： 对一次取得的劳务报酬所得20000元以上加成征收，即20000元至50000元，税率30%；50000元以上，税率40%。
	（2）稿酬所得：按应纳税额减征30%。
	（3）财产租赁所得个人出租住房减按10%税率。
	（4）储蓄存款利息：2007年8月15日起，税率由20%调整为5%。2008年10月9日起暂免征收。

3. 个人所得税的费用扣除标准（见表7－4）

表7－4

应税项目	扣　除　标　准
（1）工资薪金所得	2008年3月1日前月扣除1600元；2008年3月1日起月扣除2000元；2011年9月1日起月扣除3500元；2019年10月1日起月扣除5000元。
（2）个体工商户生产、经营所得，对企事业单位承包、承租经营所得	应纳税额＝应纳税所得额×适用税率－速算扣除数＝（每一纳税年度的收入总额－成本、费用、损失等准予扣除项目）×适用税率－速算扣除数
（3）劳务报酬所得、稿酬所得，特许权使用费所得、财产租赁所得	四项所得均实行定额或定率扣除，即： 每次收入≤4000元：定额扣800元。 每次收入＞4000元：定率扣20%。
（4）财产转让所得	转让财产的收入额减除财产原值和合理费用（指卖出财产时按规定支付的有关费用）。
（5）利息、股息、红利所得，偶然所得和其他所得	这三项无费用扣除，以每次收入为应纳税所得额。

4. 境外所得的税额扣除

纳税人从中国境外取得的所得，准予其在应纳税额中扣除已在境外缴纳的个人所得税税额。但扣除额不得超过该纳税义务人境外所得依我国税法规定计算的应纳税额（见表7－5）。

表 7－5

要　点	内　容
(1) 扣除方法	限额扣除。
(2) 限额计算方法	分国又分项，即纳税人从中国境外取得的所得，区别不同国家或地区和不同应税项目，依我国税法规定扣除标准和税率计算应纳税额。
(3) 限额抵扣方法	纳税人在境外某国家或地区实际已纳个人所得税低于扣除限额，应在中国补缴差额部分的税款；超过扣除限额，其超过部分不得在该纳税年度的应纳税额中扣除，但可在以后纳税年度该国家或地区扣除限额的余额中补扣，补扣期最长不得超过 5 年。
(4) 境外已纳税款抵扣凭证	境外税务机关填发的完税凭证原件。
(5) 居民纳税人境内境外所得	分别扣减费用、分别计算应纳税额。

三、同步练习

(一) 名词解释

1. 所得税

2. 无形资产

3. 企业所得税

4. 个人所得税

(二) 填空题

1. 收益额分为________________和________________。

2. 所得税的经济稳定功能是通过两种机制来实现的，即：________________和________________。

3. 计算应纳税所得额时，准予扣除的项目是指与纳税人取得收入有关的各种________________、费用和________________。

4. 所得课税世界通行的征收方法有________________和________________两种方法。

5. 纳税人发生年度亏损，可以用下一年度的所得弥补，不足弥补的，可以________________，但最长不得超过________________年。

6. 所得税是对纳税人的________________课税，设置在国民收入的________________环节。

7. 工资薪金所得适用________________税率，劳务报酬所得适用比例税率，税率为________________。

8. 企业所得税法中所称企业包括________________和________________。

9. 我国个人所得税采取________________和________________两种方法征收。

10. 居民企业应当就其来源于________________、________________的所得缴纳企业所得税。

11. 企业所得税的税率为________________。

12. 国际上判定居民和非居民的两种标准是________________和________________。

13. 新企业所得税法不适用________________企业和________________企业的单位和个人。

14. 企业所得税条例规定，在计算应纳税所得额时，纳税人支付给职工的薪酬是按________________扣除。

15. 一般而言，所得课税的征税方式是________________、综合征税制和________________。

（三）单项选择题

1. 所得税是对纳税人的净所得课税，设置在国民收入的(　　)环节。

A. 生产　　B. 分配
C. 交换　　D. 消费

2. 我国个人所得税的费用扣除方法是(　　)。

A. 分项扣除　　B. 标准扣除
C. 综合扣除　　D. 法定扣除

3. 我国企业所得税条例规定，纳税人来源于中国境外的所得，已在境外缴纳的所得税税款，在汇总纳税时，(　　)从其应纳税额中扣除。

A. 不允许　　B. 限定条件准予
C. 准予　　D. 无条件

4. 我国企业所得税的征收方法是(　　)。

A. 按月计征，按月预缴
B. 按季计征，按月预缴
C. 按年计征，按月或按季预缴
D. 按年计征，按月或按季预缴，年终汇算清缴

5. 企业所得税规定纳税人应在年度终了后(　　)日内，向其所在地主管税务机关报送会计决算报表和纳税申报表。

A. 15　　B. 30
C. 45　　D. 60

6. 某教授一次稿酬收入5000元，此笔稿酬的应纳税额为(　　)元。
A. 700　　B. 560
C. 574　　D. 1000

7. 我国企业所得税的征收方法是(　　)。
A. 源课法　　B. 申报法
C. 分类法　　D. 综合法

8. 我国企业所得税条例规定，纳税人境外所得依照中国税法的有关规定计算的应纳税额，其计算方法是(　　)。
A. 不分项不分国计算　　B. 分国不分项计算
C. 分项不分国计算　　D. 分国分项计算

9. 下列所得一次收入过高的，可以实行加成征收的是(　　)。
A. 稿酬所得　　B. 劳务报酬所得
C. 红利所得　　D. 偶然所得

10. 企业所得税的计税依据是企业的(　　)。
A. 应纳税额　　B. 利润额
C. 应纳税所得额　　D. 收入总额

11. 企业收入总额中不征税收入是(　　)。
A. 销售收入　　B. 劳务收入
C. 租金收入　　D. 财政拨款

12. 股息、利息、红利所得，以(　　)为应纳税所得额。
A. 每年收入额　　B. 每次收入额
C. 每季收入额　　D. 每月收入额

13. 企业所得税规定纳税人在纳税年度内，就(　　)，应当向主管税务机关报送所得税申报表。
A. 盈利　　B. 亏损
C. 无论盈利或亏损　　D. 不盈不亏

14. 下列(　　)发生的工资薪金支出，在计算企业所得税时可据实扣除。
A. 工业企业　　B. 工效挂钩企业
C. 饮食服务企业　　D. 软件开发企业

15. 企业支付的佣金可以税前扣除的是(　　)。
A. 支付给国家机关工作人员的佣金
B. 支付给从事中介服务的单位或个人的佣金
C. 支付给本企业职工的佣金
D. 支付给临时工的佣金

16. 科研单位取得的下列(　　)收入，应缴纳企业所得税。
A. 产品销售　　B. 技术咨询
C. 技术培训　　D. 技术服务

17. 下列固定资产中，计征企业所得税时允许计提折旧的有(　　)。

A. 经营租赁方式租入的固定资产

B. 按规定提取维简费的固定资产

C. 以融资租赁方式租入的固定资产

D. 土地

18. 下列不属于应该征收个人所得税的工资、薪金所得是(　　)。

A. 误餐补贴　　B. 劳动分红

C. 年终加薪　　D. 实行内部退养的个人的工资、薪金

19. 下列属于非居民纳税人的自然人有(　　)。

A. 在中国境内无住所，但有来源于中国境内所得

B. 在中国境内无住所

C. 在中国境内无住所，但居住时间满 183 天

D. 在中国境内有住所，但目前未居住

（四）多项选择题

1. 作为企业所得税的纳税人的其他组织是指经国家有关部门批准，依法注册登记的(　　)组织。

A. 事业单位　　B. 行政单位

C. 股份制企业　　D. 社会团体

E. 个体户

2. 一般而言，所得课税的征税方式有(　　)。

A. 分类征税制　　B. 综合征税制

C. 分项扣除征税制　　D. 分类综合征税制

E. 预扣制

3. 企业所得税在计算应纳税所得额时，准予扣除的税金包括(　　)。

A. 土地使用税　　B. 营业税

C. 增值税　　D. 资源税

E. 印花税

4. 一般而言，所得课税费用扣除方法有(　　)。

A. 综合分类扣除法　　B. 实报实销法

C. 标准扣除法　　D. 分类扣除法

E. 逐项扣除法

5. 企业所得税规定在计算应纳税所得额时，下列项目不得扣除(　　)。

A. 资本性支出　　B. 职工的计税工资

C. 各项税收滞纳金　　D. 制造费用

E. 折旧

6. 企业所得税的纳税义务人包括(　　)。

A. 居民企业　　B. 非居民企业

C. 合伙企业　　D. 个人独资企业

E. 个体户

7. 独立核算的企业或组织，应同时具备的条件有(　　)。

A. 在银行开设结算账户

B. 独立进行生产经营

C. 在工商行政管理部门办理登记

D. 独立建立账簿、编制报表、独立计算盈亏

E. 必须有国家的股份

8. 下列个人所得，适用20%比例税率的有(　　)。

A. 劳务报酬所得

B. 偶然所得

C. 个体工商户的生产、经营所得

D. 特许权使用费所得

E. 工资收入

9. 下列个人所得，应纳个人所得税的有(　　)。

A. 购买福利奖券获得一台彩电

B. 省人民政府颁发的教育奖金

C. 单位发放的交通补贴和医药费补贴

D. 利用业余时间从事设计获得的所得

E. 国库券的利息收入

10. 作为居民的纳税义务人包括(　　)。

A. 在中国境内有住所

B. 在中国境内虽有住所但居住不满183天

C. 在中国境内无住所

D. 在中国境内虽无住所但居住满183天

E. 在中国境内虽无住所但居住不满183天

11. 下列个人所得，在计算应纳税所得额时，每月减除费用800元的项目有(　　)。

A. 偶然所得

B. 工资薪金所得

C. 企事业单位承包经营、承租经营所得

D. 个体工商户生产、经营所得

E. 股利收入

12. 个人所得税的缴纳方式主要有(　　)。

A. 年终汇缴　　B. 代扣代缴

C. 自行申报　　D. 汇算清缴

E. 定额缴纳

13. 个人按市场价格出租的居民住房取得的所得，其缴纳个人所得税规定正确的有(　　)。

A. 按10%的税率征收个人所得税

B. 可以扣除财产租赁过程中缴纳的营业税、城建税和教育费附加

C. 允许扣除的修缮费用，以每次800元为限。一次扣除不完的，不得结转下期抵扣

D. 有修缮费用的，也可再加扣800元或20%的费用扣除标准

14. 外籍个人取得的下列可以免征个人所得税的所得有(　　)。

A. 从外商投资企业取得的股息、红利所得

B. 以实报实销形式取得的住房补贴

C. 按合理标准取得的境内、外出差补贴

D. 取得的探亲费、语言教育费

15. 下列企业应缴纳企业所得税的有(　　)。

A. 合伙企业

B. 外商投资企业和外国企业

C. 全部业务被出租经营，但未变更工商登记的企业

D. 部分业务被出租经营，但未变更工商登记的企业

16. 下列所得和收入中，应计入应纳税所得计算企业所得税的有(　　)。

A. 固定资产盘盈　　B. 现金的溢余收入

C. 接受捐赠收入　　D. 租赁收入

17. 在计算企业所得税时，下列营业外支出不得扣除的有(　　)。

A. 资产盘亏

B. 企业为职工投保寿险支出

C. 欠税缴纳的滞纳金

D. 为其他企业提供贷款担保，该企业无力偿还贷款，替被担保人承担的贷款本息

18. 按照规定，纳税人发生的下列支出项目中，在计算应纳税所得额时准予扣除的有(　　)。

A. 以经营租赁方式租入固定资产而发生的租赁费

B. 以融资租赁方式租入固定资产而发生的租赁费

C. 因融资租赁固定资产而支付的手续费，以及固定资产安装交付使用后支付的利息

D. 商业企业按财政部的规定提取的商品削价准备金

19. 下列各项目中，应计入企业当年的应纳税所得额征收企业所得税的有(　　)。

A. 企业进行股份制改造发生的资产评估增值

B. 直接减免和即征即退的流转税

C. 接受捐赠的实物资产

D. 纳税人在职工福利方面使用本企业的产品

（五）判断题

1. 所得税是一个独立的税种。　　(　　)

2. 所得税的课税对象是纳税人在一定时期内获取的收入总额。　　(　　)

3. 所得税是对人税，税负一般不易转嫁。　　(　　)

4. 我国个人所得税在征税方式上选择的是综合征税制。　　(　　)

5. 我国个人所得税在征收方式上采用源课法。　　(　　)

6. 内资企业所得税的课税所得，仅包括来源于中国境内的所得。　　(　　)

7. 企业所得税条例规定，纳税人在纳税年度内无论是盈利还是亏损，都应在月份或季度终了后15日内，年度终了后45日内向当地主管税务机关报送会计（决算）报表和所得

税申报表。 (   )

8. 我国企业所得税在征税方式上选择的是综合征税制。 (   )

9. 企业所得税的纳税人是在中国境内设立的一切企业或组织。 (   )

10. 我国个人所得税判定居民和非居民的标准是法律标准。 (   )

11. 个人取得的储蓄存款利息、国债和国家发行的金融债券利息免征个人所得税。 (   )

12. 企业所得税条例规定，纳税人在计算应税所得额时，准予扣除的项目是纳税人的成本、费用和损失。 (   )

13. 企业所得税条例规定纳税人购买国债的利息收入，不应计入应纳税所得额。(   )

14. 为了体现对知识性劳动给予照顾，稿酬所得适用20%的比例税率外，再按应纳税额减征30%。 (   )

15. 企业所得税条例规定，纳税人在纳税年度内，盈利必须向税务机关报送会计报表和所得税申报表，亏损则不必报送会计报表和所得税申报表。 (   )

16. 企业所得税条例规定在计算应纳税所得额时，纳税人因自然灾害或意外损失而由保险公司给予的赔偿不得扣除。 (   )

17. 在中国境内无住所，在1个纳税年度中在中国境内连续居住不超过90日的个人，只就其来源于中国境内的所得征个人所得税。 (   )

18. 个人将其所得对教育事业和其他公益事业的捐赠，可以从其应纳税所得额中如数扣除。 (   )

19. 对个体工商户的生产经营所得不征个人所得税，而征个体工商户所得税。 (   )

20. 在计算应纳税所得额时，向投资者支付的红利等权益性投资收益款项可以扣除。 (   )

（六）问答题

1. 什么是所得税？它有哪些特点？

2. 所得税具有哪些功能？

3. 在计算企业所得税应纳税所得额时有哪些特殊规定？

4. 个人所得税不同所得的费用扣除标准和税率有何规定？

5. 试述个人所得税居民和非居民的判定标准以及其各自应履行的纳税义务。

6. 简述国际双重征税的弊端。

四、实训题

[**实训 1**]

实训目的： 通过实训掌握企业所得税的核算。

案情说明： 2018 年度，某企业产品销售收入 1000 万元，劳务收入 100 万元，出租固定资产租金收入 10 万元，到期国债利息收入 5 万元。该企业全年发生了产品销售成本 560 万元，销售费用 80 万元，管理费用 40 万元，财务费用 15 万元，营业外支出 6 万元（其中缴纳税收滞纳金 2 万元），按税法规定缴纳增值税 110 万元，城市维护建设税 5. 50 万元，教育费附加 3. 3 万元。该企业全年发放的计入当期损益的职工工资总额为 150 万元（税务机关核定该企业当年合理的工资支出总额为130万元）。按照税法规定，在计算该企业应纳税所得额时，其他准予扣除的项目的金额为25万元。已知该企业适用所得税税率为25%。

实训要求： 根据上述资料及企业所得税有关法律制度的规定，回答下列问题：

（1）计算该企业2018年度应纳税所得额，并列出计算过程。

（2）计算该企业2018年度应纳所得税额，并列出计算过程。

［实训2］

实训目的： 通过实训掌握企业所得税的核算。

案情说明： 某国有工业企业在汇算清缴2018年度企业所得税时，对有关收支项目进行纳税调整后，得出全年应纳税所得额为1000万元，应纳所得税额为250万元。2019年4月，该企业按上述金额汇算清缴了2018年度的企业所得税。2019年6月，税务部门在检查时，发现该企业的以下几项业务事项：

（1）2018年5月，该企业通过民政部门向灾区捐款50万元，在营业外支出中列支。超出限额的15万元在计算应纳税所得额时未作纳税调整。

（2）2018年6月，直接向某足球队赞助60万元，在营业外支出中列支，在计算应纳税所得额时未作纳税调整。

（3）2018年8月，支付在建办公楼工程款利息15万元计入当年财务费用，在计算应纳税所得额时未作纳税调整。

（4）2018年9月支付业务招待费40万元全部计入了管理费用，当年销售收入6000万元。

（5）2018年10月支付违反交通法规罚款0.5万元，已列入当期费用。

已知该企业适用所得税税率为25%。

实训要求： 根据上述资料及企业所得税有关法律制度的规定，回答下列问题：

（1）计算该企业2018年度应纳税所得额，并列出计算过程。

（2）计算该企业 2018 年度应纳所得税额，并列出计算过程。

（3）计算该企业 2018 年度应补缴的所得税额，并列出计算过程。

［实训 3］

实训目的：通过实训掌握企业所得税的核算。

案情说明：某集体工业企业为增值税一般纳税人。2018 年度取得产品销售收入 1500 万元，国债利息收入 25 万元。发生产品销售成本 960 万元，销售费用 180 万元，管理费用 55 万元，财务费用 46 万元，应缴纳增值税 150 万元，城市维护建设税 10.5 万元、教育费附加 4.5 万元；该企业全年实际发放的合理的职工工资总额为 560 万元，其他准予扣除的项目金额为 76 万元。另外，该企业 2017 年度发生亏损 180 万元。该企业适用的企业所得税税率为 25%。

实训要求：根据上述资料及企业所得税有关法律制度的规定，回答下列问题：

（1）计算该企业 2018 年度应纳税所得额，并列出计算过程。

（2）计算该企业 2018 年度应纳所得税额，并列出计算过程。

［实训 4］

实训目的： 通过实训掌握企业所得税境外所得抵扣税额的核算。

案情说明： 某居民企业 2018 年来自境内所得为 1600 万元，其中包括购买企业债券利息收入 20 万元，购买国债利息收入 15 万元；来自境外的所得为 500 万元，该所得已在境外按 20% 的税率缴纳所得税。该企业采用分国（地区）不分项抵扣法计算抵扣所得税，境内适用的所得税税率为 25% 。

实训要求： 根据上述资料及企业所得税有关法律制度的规定，回答下列问题：

（1）计算该企业 2018 年的境内所得应纳所得税额，并列出计算过程。

（2）计算该企业 2018 年的境外所得应补缴的所得税额，并列出计算过程。

（3）计算该企业 2018 年应纳所得税总额，并列出计算过程。

［实训 5］

实训目的： 通过实训掌握企业所得税的核算。

案情说明： 新民工厂属于居民企业，在汇算清缴企业所得税时向税务机关申报：2018 年度应纳税所得额为 1200 万元，已累计预缴企业所得税 200 万元，应补缴企业所得税 100 万元。

在对该企业纳税申报进行审核时，税务机关发现下列问题，要求该企业纠正后重新办理纳税申报：

（1）税前扣除了在建工程人员的工资总额 30 万元；

（2）缴纳的房产税、城镇土地使用税、车船税、印花税等税金 50 万元已在管理费用中列支，但在计算应纳税所得额时又重复扣除；

（3）将违法经营罚款 15 万元、税收滞纳金 0.5 万元列入营业外支出，逾期归还银行贷款加收罚息 1.2 万元计入财务费用中，在计算应纳税所得额时均未予以扣除；

（4）6 月 1 日以经营租赁方式租入一台机器设备，合同约定租赁期 12 个月，租赁费 12 万元，该企业未分期摊销这笔租赁费，而是一次性计入 2018 年度管理费用中扣除；

（5）从境外取得税后利润 20 万元（境外缴纳所得税时适用的税率为 20%），未补缴企业所得税。

已知该企业适用的企业所得税税率为 25% 。

实训要求：

（1）计算该企业2018年度境内所得应缴纳的所得税税额。

（2）计算该企业2018年度境外所得应补缴的所得税税额。

（3）计算该企业2018年度境内、境外所得应补缴的所得税总额。

［实训6］

实训目的：练习个人所得税应纳税额的计算。

案情说明：中国公民李某为某大学的教授，每月工资为10000元，2019年1～12月除了从所在大学取得工资、薪金收入外，还取得以下收入：

（1）3月份受某出版社委托进行审稿，取得审稿收入50000元。

（2）4月份与朋友王某共同出版一本小说，共取得稿酬50000元，李某与王某平分稿酬，各取得收入25000元。

（3）5月份将自己的一本小说手稿复印件在国内市场上公开拍卖，取得拍卖收入30000元。

（4）6月份与一家培训机构签订了半年的劳务合同，合同规定，从6月起每周六为该培训机构授课一次，每次报酬700元，每月为培训机构授课4次。

（5）7月份出版短篇小说一篇，取得稿酬收入3000元。

（其他相关资料：李某每月自行负担“三险一金”1500元；李某每月需支付其名下首套住房贷款3500元、其独生女刚就读小学二年级，李某与其妻子约定子女教育支出、住房贷款利息支出在李某的综合所得中扣除。）

实训要求：根据上述资料，回答下列问题。

（1）计算李某3月份审稿所得预扣预缴个人所得税；

（2）计算李某4月份出版小说所得预扣预缴个人所得税；

（3）计算李某5月份拍卖小说手稿复印件预扣预缴个人所得税；

（4）计算李某6月份授课收入预扣预缴个人所得税；

（5）计算李某7月份出版小说预扣预缴个人所得税；

（6）计算李某全年综合所得共应缴纳个人所得税。

[实训7]

实训目的：练习个人所得税应纳税额的计算。

案情说明：中国公民李某每月工资9000元，任职于境内甲企业，同时为乙企业的个人大股东，2019年1～12月取得以下收入：

（1）取得保险赔款3000元。

（2）取得甲企业支付的独生子女补贴10000元。

（3）购买福利彩票，一次中奖收入20000元。

（4）取得兼职收入3000元。

（5）5月份因持有某上市公司股票而取得红利12000元，已知该股票为李某去年1月份从公开发行和转让市场取得的。

（6）8月份将其拥有的两处住房中的一套（已使用7年）出售，不含增值税转让收入200000元，该房产买价90000元，另支付其他允许税前扣除的相关税费8000元。

（其他相关资料：李某每月自行负担“三险一金”1000元；李某的独生子就读高中二年级，李某与其妻子约定子女教育支出各扣除50%；李某的父母均已年过60岁，且李某是独生子。）

实训要求：根据上述资料，回答下列问题。

（1）计算李某取得的兼职收入预扣预缴的个人所得税。

（2）计算李某取得的福利彩票中奖收入和保险赔款，应缴纳的个人所得税。

（3）计算李某5月份取得的红利所得应缴纳的个人所得税。

（4）计算李某出售住房应缴纳的个人所得税。

（5）计算李某全年综合所得共应缴纳个人所得税。

第八章

其 他 税 制

一、重点、难点

（一）本章重点

每一个税种的征税范围、纳税人、应纳税额的计算。

（二）本章难点

土地增值税的计税方法。

二、学习要求和注意事项

其他税制包括资源税制、财产税制和行为税制三个部分。其他税制是我国税制体系的有机组成部分，起着配合主体税种来调节社会经济活动的补充作用。所以，学习和掌握其他税制具有重要意义。

其他税制中的税种和税收收入按我国现行税制主要划给地方政府，基本上属于地方税范围，有其特殊性。本教材根据这一特性，将资源税制、财产税制和行为税制合设一章，而没有像其他税收教材分设三章，突破了现有税收教材只是纵向构筑知识体系的传统模式，体现了按章纵向设计知识体系与按模块横向分布知识的特点。

（一）资源税制

资源税制主要介绍了资源税、耕地占用税、城镇土地使用税和土地增值税，重点阐述了各税种的概念和主要税制内容。

1. 资源税

对这一部分应掌握资源税的概念、立法宗旨及其特点。了解资源税的特点，有助于理解其各要素的设置。

在征税范围的内容中，可以从四个方面来把握：

（1）从正面了解，它包括矿产品和盐两大类，分七个税目，以及各税目的具体内容。必须注意其范围仅限于“原产品”，也就是说，矿产品和盐的加工产品不属于资源税的征收范围。

（2）从反面了解，哪些不属于其征税范围。如除原矿、原盐的加工产品外，还有进口的矿产品和盐，以及中外合作油田开采的原油、天然气等。

（3）征税项目中不征税的品目，比如人造石油、煤矿生产的天然气等。

（4）在“资源税税目税额明细表”中凡未列举名称的其他非金属矿原矿和其他有色金属矿原矿，由省级人民政府根据境内的资源情况列举征税或缓征资源税的品目。

纳税人中要注意对两类扣缴义务人的规定。两者代扣代缴的都是收购的未税矿产品（收购已税的不存在扣缴问题），两者扣缴税款适用税额的规定则是不同的。独立矿山和联合企业本身是生产应税产品的单位，其他的收购单位则无本单位适用税额可循。

资源税的税率比较重要。采用定额税率，其单位税额实行分级核定、分层表述，比较复杂。首先是国务院规定各税目的幅度税额。它保证了税政的统一，既不影响纳税人之间的平等竞争，又给各地以较大分权，有利于更好地发挥资源税调节级差收入的作用。其次，在国务院规定的税额幅度内，制定了“资源税税目税额明细表”。

资源税的计算比较简单，主要是正确确定计税数量。必须明确，按纳税人的实际销售数量和自用应税产品的移送使用数量计税，是基本的。只有在没有掌握和不能准确掌握这两个数量时，才分别按产量或折算比换算的数量计税。但以液体盐加工成固体盐销售或自用的，则以固体盐的数量为计税数量。这是因为液体盐是用于生产碱和其他产品的原料，而且以液体盐制碱是一项应鼓励发展的新技术，因此规定了较低的单位税额；而以液体盐加工固体盐，则不属于照顾的范围。

资源税的纳税地点是个重点，它关系到应税资源所在地的利益。规定向应税产品的开采或生产所在地纳税，体现了在哪里开采资源，应由哪里受益的原则。因为资源在哪里开采，就会占用哪里的土地，使用当地的基础设施。我国矿产资源大多集中在经济欠发达的中西部地区，这一规定还有利于支持这一地区的经济发展。

对于跨省区开采，其下属生产单位与核算单位不在同一省区的，仍由生产单位向各自的开采地纳税，税额则由独立核算、自负盈亏的单位据实划拨。例如，某油田共有五个大井口，甲井口在A省，乙井口在B省，其余三个井口在C省。某月共生产原油10万吨，自用于加热、修井1万吨（免税）、对外销售9万吨。这个月10万吨产量中，甲井口生产1万吨，乙井口生产3万吨，其余三个井口共生产6万吨。该油田适用单位税额为12万元。问如何纳税？应先在三地分摊自用原油免税量，再计算出三地的课税数量（实际操作中，也可以按销售数量占生产量的比例，直接计算出三地的课税数量）据以计税。从上述资料看，当月销售量为生产量的9/10，则甲井口应向A省缴纳的税款为：$9/10 \times 1 \times 12 = 10.8$（万元）；同理，乙井口应向B省纳税32.4万元；其余三个井口总共应向C省纳税64.8万元。这5个井口只是生产单位，需缴纳的税款要由负责统一核算的油田总部据实划拨。

2. 耕地占用税

学习耕地占用税，首先要掌握它一个独有的特点，即实行一次性课税制。纳税人按实际占用耕地面积依法缴一次税后，在以后的使用、转让和继承过程中，不再缴纳耕地占用税。就这一点而言，它与土地使用税、土地增值税之间具有承接关系。

耕地占用税的征收制度应把握以下几点：

（1）征税对象。这是本税种的重点内容，应重点把握。作为征税对象构成占用耕地这一行为需同时具备两个条件：一是占用的是耕地；二是在其上建房或从事非农业建设。其中占用耕地是前提条件，后者是限制条件，只有在这一特定范围内才能征税。同时，要明确何为耕地。

（2）纳税人包括了有纳税行为的国家单位、集体单位和城乡居民。农村居民占用耕地建房也要缴纳耕地占用税。

（3）计税依据。先要核实实际占用耕地的数量，要注意四种情况：一是经国家各级土地管理部门批准占用的耕地数；二是虽经土地管理部门批准，但实际占地多于批准占用的耕地数；三是批准占用非耕地，而实际占用的耕地数；四是未经批准而自行占用的耕地数。

其次，耕地占用税的计量单位为平方米，而审批用地是以市亩为单位计量的，因此计税时，需将市亩换算成平方米。换算标准为：1 市亩 =666.67 平方米。

（4）减免税。归纳起来有三个方面：一是特殊占地免税；二是纳税困难户（如烈属等）的照顾减免；三是特殊户（如水库移民等）和农村居民建房用地的减免。

（5）税款的缴纳。应注意：纳税环节规定在各级政府批准有地单位或个人在征（占）用耕地之后，土地管理部门发放征（占）用土地通知书和划拨用地之前。这也就规定了它的纳税程序。滞纳金的征收比例为5‰；税款无需通过“应交税金”而直接在“管理费用”科目中列支。如果一次纳税数额较大的，可以通过“待摊费用”科目摊销；凡被占用并已征收了耕地占用税的土地，经核实确属农业税计税面积的，其原来的计税常年产量和计征的农业税税额应予以扣除。

3. 城镇土地使用税

应明确以下要点：

（1）征收范围。城镇土地使用税的征收范围与房产税的征收范围相类似，限于城市、县城、建制镇和工矿区，并且都不包括外商投资企业的房产和用地。其中，工矿区并非指一般的工厂、矿山的所在地。处于省级政府确定的征税范围以外的工矿企业，就不需要缴纳房产税和城镇土地使用税。

（2）纳税人。城镇土地使用税的纳税人则不同于房产税，而与车船使用税相类似，即主要是土地的实际使用人。占有土地即是使用土地。它不像车船使用税那样，拥有而不使用者不征税。城镇土地使用税以纳税人实际占用的土地面积为计税依据，并不考虑其是否使用。在这一点上，它又接近于财产税了。还要注意的是，几个人或几个单位共同拥有一块土地使用权的，共有各方都是纳税人。

（3）计税依据。实际占用的土地面积是由省级政府确定的单位组织测定的土地面积；尚未组织测量的，按政府部门核发的土地使用证书确定的土地面积为准；尚未核发土地使用证的，由纳税人据实申报土地面积，经税务机关核定，据以纳税，待核发土地使用证后再调整。

（4）税率。税率分别依据大、中、小城市和县城、建制镇、工矿区，规定有幅度的年度单位税额，每个幅度税额的差距为20 倍。大、中、小城市以公安部门登记在册的非农业正式户口数为准，按照国务院颁布的《城市规划条例》中规定的标准划分。

（5）税款的缴纳。应注意新征用土地开始纳税时间的规定。此外，企业缴纳的税款，不同的行业通过不同的账户进行核算，旅游饮食服务业、金融保险企业在“营业费用”中列支；其他行业在“管理费用”中列支。

4. 土地增值税

（1）正确理解土地增值税的概念。土地增值税主要是对转让房地产所取得的增值额征收的一种税。为什么称之为土地增值税呢？这是因为房屋只会越用越残旧，最终失去使用价值，它本身不可能增值。但房屋总是固定在土地上的，由于土地的增值，连为一体的房地产的房产也随之增值。那么土地为什么会增值呢？一是土地是有限的，而随着社会人口和经济的不断发展，社会对土地的需求不断增长，引起地价不断上升，而且其上升的总趋势具有不可逆性。这是自然增值，是土地增值的主要因素；二是投资增值，即投入资金开发建造，改善了生产和生活环境而形成土地增值。其中，政府为整治和开发土地投入巨额资金是主要的。

在我国，国家是土地资源的所有者，由于上述两个原因，国家有权通过税收等方式参与土地增值收益的分配，并取得较大的份额。这就是开征土地增值税的理由及其名称的由来。开征土地增值税，还有利于促使纳税人尽可能地提高土地利用的效益，保护土地资源；有利于国家对房地产市场的宏观调控，抑制房地产的投机行为。

（2）正确理解土地增值税的征税范围和纳税人。关键在于区分哪些属于其征税范围，哪些不属于其征税范围，相应地确定其纳税人的范围。同时了解在其征税范围中，又有哪些情况暂免予征税。

（3）税率。土地增值税所采用的四级超率累进税率是现行税种中唯一采用这一税率形式的税种。其中，最低税率为30%，最高60%，税负高于企业所得税。一方面，对正常的房地产开发经营可以通过较低税率和较多的扣除体现扶持政策；另一方面，对取得过高收入尤其是对炒买炒卖房地产获取的暴利，征以高税，可以发挥一定的抑制作用。

（4）计税依据为本税种的重点内容，主要掌握规定的扣除项目金额。须注意以下几个方面：

①取得土地使用权所支付的金额。具体有三种情形，即向政府（土地所有者）支付土地出让金和补缴的土地出让金、向原土地使用权人支付的地价款、转让过程中缴纳的有关费用。

②开发成本具体包括六项费用，对其内容应有所了解。

③开发费用，不能按实际发生额扣除，而须根据其中利息支出情况，区分两种情形计算扣除。

④除与转让有关的税金可能扣除外，还有县级以上政府要求房地产开发企业在售房时代收的各项费用，可根据这些代收费用是否计入房价和是否作为转让收入，来确定能否扣除。如果代收费用计入房价向购买方一并收取，则可以作为转让房地产取得的收入，同时在计算扣除项目金额时予以扣除。如果代收费用未计入房价，而是另外单独收取，则可不计入转让收入，也不得从收入中扣除。

⑤加计20%的扣除，仅适用于从事房地产开发的纳税人。其计算基础与扣除开发费用的计算相似；其20%的比例，又与出售普通标准住宅，增值额未超过扣除项目金额20%的免税规定相同，这些要注意区别，不可混淆。

⑥规定的扣除项目总共有6项，在具体应用时，须注意不同的纳税人和不同的转让对象的不同扣除项目。

（5）在税额的计算和缴纳中，应注意：

①掌握超率累进税率的运用和计算方法，尤其是其中的速算方法。

②掌握免税规定，注意当地关于普通标准住宅的界定。

③纳税期限，要注意不同的转让方式和收款方式的不同纳税期限和缴纳方法。

④纳税地点，为房地产所在地，即房地产的坐落地。纳税人是自然人，其转让房地产的坐落地与其居住所在地不在一地时，则在办理过户手续所在地申报纳税。

（二）财产税制

本节讲述的是我国现行的财产税类。财产课税是对人们拥有或支配的财产课征的税收，具有直接税性质。对财产的课税是一个税系，包括若干税种，有多种的分类，一般分为对财产的所有或占用的课税及对财产的转移课税。前者如我国的房产税，后者如契税等。我国目前的财产课税体系还有待进一步健全与完善。

1. 房产税

在明确房产税的概念、现行房产税的由来及其作用的基础上，应掌握以下内容：

（1）征税对象和范围。一是要明确房产的范围，房产不仅包括以房屋形态表现的财产，而且包括附属设备，即与房屋不可分割的组成部分以及不单独计价的配套设施；二是仅限于城市、县城、建制镇和工矿区的房屋，不包括农村的房屋；三是不适用于外商投资企业和外国企业。

（2）纳税人。原则上为房屋产权的所有人，由于具体情况不同，纳税人还可以是房屋的经营管理单位、承典人、代管人或使用人。房屋的典当是指房屋产权所有人将房屋交给承典人占有、使用和获取收益；承典人按约定典金一次性交给出典人，并在典期届满时完好返还房屋并收回典金的一种房屋使用权变更行为。房屋典当双方的基本权利义务是用房不交租，用钱不付息。承典人有权支配承典的房屋，不仅有权使用，而且有权出租及转典，获取收益，因此，规定承典人为房产税的纳税人。代管人是接受产权所有人或承典人的委托，代为管理房屋，或虽未受委托而在事实上已代管房屋的人。在产权所有人或承典人不在当地，及产权未定或发生租典纠纷时，由代管人代为报缴房产税；没有代管人，由直接使用房屋的使用人代为纳税。

（3）计税依据分别为房产余值和房屋租金。须注意房屋原值的确定，有以下五种情况：

①依据纳税人固定资产账户记载的金额确定。

②未计入固定资产账户，但按有关财务制度规定，房屋累计造价已达到固定资产标准的，按累计造价确定。

③无房产原值的自有房屋，由房产所在地税务机关参照管理部门同一年代兴建的同类房屋造价核定。

④购买的房屋，按购进的价格确定。

⑤与房屋不可分割的设备，须计入房产原值。此外，纳税人对原有房屋进行改建、扩建的，要相应增加房屋的原值。

（4）免税规定主要是对某些拥有房屋，但自身没有纳税能力的单位予以免税。此外，为了鼓励事业单位经济自立，原来由财政拨付事业经费的单位实行自收自支后，可从实行自收自支的年度起，免征房产税 3 年。

（5）新建房屋的纳税义务发生时间分两种情况：一是纳税人自建的房屋，自建成之日的次月起征税；二是纳税人委托施工企业建设的房屋，从办理验收之日的次月起征税。如在办理验收手续前已使用或出租、出借的新建房屋，按规定征税。

（6）税款的核算。企业缴纳的房产税，应通过“应交税金——应交房产税”账户核算。工、交、商、农业企业，房地产开发企业，邮电通讯、对外合作企业、私营企业等缴纳房产税，在“管理费用”中列支；旅游、饮食服务、金融、保险企业缴纳的房产税，在“营业费用”中列支。

2. 契税

（1）征税范围。契税的征税对象是发生使用权转移的土地和发生所有权转移的房屋。其征税范围，除教材讲述的以外，还应明确以下几点：

①征收范围包括房屋交换，但双方交换价值相等的，免纳契税；如只是房屋使用权交换，不征收契税。

②以房地产作投资和作股转让，视同房屋买卖。但以自有房产作股投入本人经营企业的，免纳契税。

③房屋翻建新房，照章征收契税。

④以无形资产方式承受土地、房屋权属的，视同转让。

（2）纳税人为财产承受人，这是一个特点。对承受人（买方）征税，有利于通过法律形式确定产权关系，维护公民合法权益。

（3）税款的核算。应纳税额以人民币计算，转移土地、房屋权属以外汇结算的，按照纳税义务发生之日中国人民银行公布的人民币市场汇率中间价折合成人民币计算。

例如：居民 A 将一栋私有房屋出售给居民 B，房屋成交价格为 800000 元。A 另将两套一室一厅住房与居民 C 交换一套三室一厅住房，并支付换房差价款 550000 元。当地政府规定的契税税率 4%。则：

A 应纳契税税额 $= 550000 \times 4\% = 22000$（元）

B 应纳契税税额 $= 800000 \times 4\% = 32000$（元）

例如：某企业 2017 年 2 月取得政府无偿划拨的一块土地的使用权，2020 年 3 月该企业向政府主管部门提出转让土地使用权的申请，经审核，主管部门批准其转让该土地使用权，并要求该企业补交土地使用权出让费用 5000000 元。当地政府规定的契税税率 3%。则该企业转让该土地使用权应纳的契税税额为：

$5000000 \times 3\% = 150000$（元）

企业缴纳的契税不通过“应交税金”账户核算，直接在“管理费用”账户中列支。如果一次纳税数额较大，可通过“待摊费用”账户摊销。

（4）减免税。需要说明的是，经批准减征、免征的纳税人改变有关土地、房屋的用途，不再属于税法规定的减免税范围的，应当补缴已经减免的税款，其纳税义务发生时间为改变有关土地、房屋用途的当天。

3. 车船税

车船税法是国家制定的用于调整车船使用税征纳双方权利与义务关系的法律规范。车船使用税的基本规范是 1986 年 9 月 15 日国务院颁布的《中华人民共和国车船使用税暂行条例》。2006 年 12 月 27 日国务院第 162 次常务会议通过了《中华人民共和国车船税暂行条例》，自 2007 年 1 月 1 日起施行，《中华人民共和国车船使用税暂行条例》同时废止。今后，车船使用税和车船使用牌照税将两税统一。

开征车船税，其目的在于筹集地方财政资金，支持交通运输事业发展；加强对车船使用的管理，促进车船的合理配置；调节财富分配，体现社会公平。

（1）纳税人。车船税以在中华人民共和国境内所有或管理车辆、船舶的单位和个人为纳税人。一般情况下，拥有或管理并且使用车船的单位和个人是相同的，纳税人既是车船的使用人，又是车船的所有人或管理人。如果发生租赁关系，车船的所有人或者管理人未缴纳车船税的，使用人应当代为缴纳车船税。

（2）征税范围。车船税的征税范围限于依法应当在车船管理部门登记的车船。车船管理部门是指公安、交通、农业、渔业、军事等依法具有车船管理职能的部门。

①应税车辆，包括机动车和非机动车两大类。机动车，即依靠燃油、电力等能源作为动力运行的车辆，包括载客汽车、载货汽车、三轮汽车低速货车、摩托车等；非机动车即依靠人力、畜力运行的车辆，包括人力驾驶车、畜力驾驶车等。

②应税船舶，包括机动船舶和非机动船舶两类。机动船，即依靠燃料等能源为动力运行的船舶，包括客货轮船、汽垫船拖船和机帆船等；非机动船，即依靠人力或其他力量运行的船舶，包括驳船、帆船等。

（3）税率。车船税实行定额税率，即对应税车船直接规定单位固定税额。

（4）应纳税额的计算。车船税根据不同类型应税车船的计税依据及其适用的单位税额分别计算应纳税额。其计算公式为：

应纳税额 = 应税车船数量 × 单位税额 = 年应纳税额 ÷ 12 × 应纳税月份数

【例】浙江省某单位 2019 年 1 月拥有下列车船：50000 吨位机动船 1 只；1000 吨位机动船 3 只；非机动船 6 只，其中载重吨位 150 吨 4 只，300 吨 2 只；另有机动车 9 辆，其中 5 吨载货汽车 3 辆，40 座载客汽车 2 辆。已知 5 吨载货汽车每吨税额 40 元，40 座载客汽车每辆 500 元。

要求：计算该单位 1 月份应纳车船税税额。

分析：先根据应税车船的数量和单位税额计算出全年应纳税额，再根据平均法计算 1 月份应纳税额。

解：

（1）机动船全年应纳税额 = 50000 × 6 × 1 + 1000 × 4 × 3 = 312000（元）

（2）非机动船全年应纳税额 = 150 × 3 × 4 + 300 × 4 × 2 = 4200（元）

（3）机动车全年应纳税额 = 3 × 40 + 2 × 500 = 1120（元）

该单位全年应纳车船税税额 = 312000 + 4200 + 1120 = 317320（元）

该单位 1 月份应纳车船使用税税额 = 317320 ÷ 12 = 26443.33（元）

（三）行为税制

应重点把握以下内容：

1. 城市维护建设税

城市维护建设税法是国家制定的用于调整城市维护建设税征纳双方权利与义务关系的法律规范。城建税是一种具有受益性质的特定目的税，其税款专款专用，从而使城市的公用事业和公共设施的维护和建设有了稳定而可靠的资金来源。

（1）纳税人。应明确凡负有缴纳“三税”义务的单位和个人，只要缴纳了“三税”中的任何一种税，就必须同时缴纳城建税。对外商投资企业和外国企业不征收城建税。海关对进口货物或物品代征增值税、消费税的，不再征收城建税。

（2）税率。除教材讲述外，还应了解，城建税的适用税率，一般规定按纳税人所在地的适用税率执行。但对下列两种情况，可按缴纳“三税”所在地的规定税率就地缴纳城建税：一是由受托方代征、代扣“三税”的单位和个人；二是流动经营等无固定纳税地点的单位和个人。

对于铁道部应纳的城建税，由于其计税依据为铁道部实际集中缴纳的营业税税额难以确定适用税率，因此，财政部特案规定，税率统一为5%。

（3）计税依据。城建税的计税依据为纳税人实际缴纳的“三税”税额。纳税人违反“三税”有关税法规定而被加收的滞纳金和罚款，不作为城建税的计税依据。但纳税人在被查补“三税”和被处以罚款时，应同时对其偷漏的城建税进行补税和罚款。

现行城建税仍是一种附加税，本身并没有特定的、独立的征税对象，这也是该税种的一个特点。

（4）应纳税额的计算。主要是通过实例加以掌握。

例如：B公司设在某县城，2019年10月应纳增值税300000元，营业税30000元，均已按时缴纳。但税务机关对其同年第三季度纳税情况进行检查时发现：9月份一笔分期收款销售货物业务因货款未按时收到而未办理申报，经核定，应补增值税8000元，按规定加收滞纳金和罚款共9072元。计算该公司应纳及应补城建税。

计算如下：

应纳城建税额＝（300000＋30000）×5%＝16500（元）

应补城建税额＝8000×5%＝400（元）

（5）减免税。城建税是以“三税”税额为计税依据并与“三税”同时征收的，因此，税法规定对纳税人减免“三税”时，相应也就减免了城建税。对于因减免税而需进行“三税”退库的，城建税也可同时退库。但对出口货物退还增值税、消费税时，已缴纳的城建税不退还。

（6）申报与缴纳。城建税作为“三税”的附加税，其征收、管理、纳税环节、奖罚等事项，比照“三税”的有关税法规定办理。在此，针对一些比较复杂且具有特殊性的纳税地点作一介绍：

①代征、代扣“三税”的单位和个人，其城建税的纳税地点在代征代扣地，具体规定为：

委托加工产品委托代销商品以及企业收购工业手工业品，规定由受托方或收购企业代扣代缴“三税”的单位和个人，同时按当地适用税率代扣代缴城建税；

交通运输管理部门对运输单位和个人代扣代缴营业税时，同时按当地适用税率代扣代缴城建税。

②对流动经营等无固定纳税地点的单位和个人，应随同“三税”在经营地按适用税率缴纳。

③对各银行缴纳的营业税及城建税，由取得业务收入的核算单位在当地缴纳，即县以上各级银行直接经营业务取得收入，由各级银行分别在所在地纳税；县和设区的市，由县支行或区办事处在其所在地纳税，而不能分别按所属营业所的所在地计算纳税。

④对管道局输油部分的收入，由取得收入的各管道局于所在地缴纳营业税。因此，其应纳城建税，也应由取得收入的各管道局于所在地缴纳营业税时一并缴纳。

⑤跨省开采的油田，下属生产单位与核算单位不在同一省的，其生产的原油，在油井所在地缴纳增值税，其应纳税款由核算单位按照各油井的产量和规定税率，计算汇拨各油井缴纳。所以，各油井应纳的城建税，应由核算单位计算，随同增值税一并汇拨油井所在地，由油井在缴纳增值税时一并缴纳。

2. 教育费附加

应把握：

（1）教育费附加不是税，它是和税收同时收取的一种附加费。

（2）和城市维护建设税一样，凡是缴纳“三税”的单位和个人，都应当缴纳教育费附加。教育费附加应当与“三税”同时缴纳。教育费附加以企业实际缴纳的“三税”为计征依据。

（3）教育附加费按缴纳“三税”的3%征收。

（4）对生产卷烟和烟叶的单位减半征收教育附加费。

3. 印花税

印花税是一种具有行为税性质的凭证税，因其采取在凭证上粘贴印花税票完税而得名。印花税是一个征收面越来越广泛的税种，虽然税率低，但具有广集资金、积少成多的财政效应。印花税由纳税人自行完成纳税义务，与其他税种的缴纳方法有较大区别。它虽然是个小税种，但由于经济凭证复杂多样，使得印花税的征税范围和计税依据有一定的复杂性。

具体应把握：

（1）纳税人。印花税的纳税人是在中国境内书立、使用、领受印花税法所列举凭证的单位和个人。这里所说的“凭证”是指在中国境内具有法律效力，受中国法律保护的凭证。此类凭证无论是在中国境内还是在中国境外书立，均应依照税法规定贴花。

上述“单位和个人”是指国内各类企业、事业、机关、团体、部队以及中外合资企业、合作企业、外资企业、外国公司企业和其他经济组织及其在华机构等单位和个人。

立合同人，即指合同的当事人。所称当事人，是指对凭证有直接权利义务关系的单位和个人，不包括保人、证人、鉴定人。各类合同的纳税人是立合同人。当事人的代理人有代理纳税的义务。

立账簿人，即设立并使用营业账簿的单位和个人。营业账簿的纳税人是立账簿人。

立据人，即产权转移书据的纳税人。如果立据人未贴或者少贴印花，书据的持有人应负责补贴印花。所立书据以合同方式签订的，应由持有书据的各方分别按全额贴花。

领受人，即领取或接受并持有该项凭证的单位和个人。权利、许可证照的纳税人是领受人。

关于使用人应明确，在国外书立、领受，但在国内使用的应税凭证，其纳税人是使用人。

成交过户交割单持有人，应注意股权转让书据中证券交易的纳税人是成交过户交割单持有人。

需要说明的是，同一凭证，由两方或者两方以上当事人签订并各执一份的，当事人各方均为印花税的纳税人，应当由各方就所执的一份各自全额印花。

（2）征税范围。税法列举的应税凭证分为5个大类，设13个税目，应尽可能具体地了解它们所包含的内容。

（3）税率。应明确印花税有比例税率和定额税率两种形式，同时还要注意印花税的比例税率都较低，采用的是千分比或万分比的形式。定额税率一律按每件 5 元定额贴花。此外，还要明确各种税率的具体适用范围，熟悉“印花税税目税率表”的内容。

（4）税额的计算。要掌握计算方法，尤其要注意购销合同（特别是调剂合同和易货合同）、加工承揽合同、货物运输合同、借款合同、技术合同，以及若干特殊凭证的计税依据的确定。

（5）征纳程序。除教材已详细讲述内容之外，还须了解：

①纳税地点，一般实行就地（行为发生地）纳税。如合同在国外签订，且不便在国外贴花的，则在合同带入境时办理纳税手续。对全国性商品物资订货会（展销会、交易会等）上所签订的合同，由纳税人回到其所在地后办理纳税。对地方上主办、不涉及省际关系户的订货会、展销会上签订的合同，其纳税地点由各省级政府自行确定。

②企业记载资金的账簿一次贴花数额较大，经主管税务机关批准，可允许 3 年内分次贴足印花；经营期不足 3 年的企业，在经营期内贴足印花。

（6）申报与缴纳。现行印花税根据税额大小、贴花次数多少以及税收源泉控管的需要，分别采用以下三种纳税办法：

①自行贴花。纳税人在书立、领受应税凭证发生纳税义务时，自行计算应纳税额，自行购买印花税票，自行一次贴足印花税票并加以注销或画销，即通常所说的“三自”纳税办法。

②汇贴或汇缴。一份凭证应纳税额超过 500 元的，应向当地税务机关申请填写缴款书或者完税证，将其中一联粘贴在凭证上或者由税务机关在凭证上加注完税标记代替贴花。

③委托代征。这是指通过税务机关的委托，由发放或者办理应税凭证的单位代为征收印花税税款。税务机关应与代征单位签订代征委托书。所称发放或者办理应税凭证的单位，是指发放权利、许可证照的单位和办理凭证的鉴证、公证及其他有关事项的单位。这类单位负有监督纳税人依法纳税的义务。

三、同步练习

（一）名词解释

1. 资源税

2. 土地增值税

3. 契税

4. 印花税

5. 耕地占用税

6. 城市维护建设税

（二）填空题

1. 我国对资源征税的主要税种有__________、__________、__________和__________。

2. 资源税是我国经济体制改革以后开征的一个新税种，______年___月___日，国务院发布了《中华人民共和国资源税条例（草案）》，并定于当年___月___日开征。______年税制改革中，又对原有资源税进行了调整。

3. 我国资源税的征税范围包括矿产品和盐，其中矿产品是指__________、__________、__________和__________。

4. 资源税采用从量定额的征收办法，实施__________、__________的征收原则。

5. 资源税从量定额征收，其计税依据为课税数量。纳税人开采或者生产应纳产品销售的，以__________为课税数量；纳税人开采或者生产产品自用的，以__________为课税数量。

6. 耕地占用税的征税对象是指__________和__________。

7. 耕地占用税以纳税人__________为计税依据，从量定额征收。

8. 耕地占用税税率采用__________税率，以县为单位，按其人均耕地的多少，规定__________。

9. 城镇土地使用税的纳税人包括在__________、__________、__________、__________范围内使用土地的单位和个人。

10. 资源税条例规定的扣缴义务人是__________。

11. 土地增值税以纳税人转让土地所取得的__________为计税依据。

12. 土地增值税的计税依据是开发房地产总收入减去________________、________________、________________、________________等后的余额。

13. 房产税的征税范围为________________、________________、________________和________________。

14. 产权所有人、承典人不在房产所在地的，或者产权未确定及租典纠纷未解决的，房产税的纳税人为________________或者________________。

15. 房产税由________________的税务机关征收。房产不在一地的纳税人，应按________________，分别向________________的税务机关缴纳房产税。

16. 契税是在转移土地、房屋权属订立契约时，由________________交纳的一种税。

17. 印花税的计税依据有按________________和按________________征收两种。

18. 印花税实行“四自”缴纳的办法，即自行________________、自行________________、自行________________、自行________________。

19. 城市维护建设税是以纳税人实缴的________________、________________、________________税额为计税依据，分别与三个税同时缴纳的一种税。

20. 城市维护建设税按纳税人所在地分别规定不同的税率：纳税人所在地在市区的，税率为________________；纳税人所在地在县城、镇的，税率为________________；纳税人所在地不在市区、县城或镇的，税率为________________；纳税人所在地为工矿区的，应根据行政区划确定税率。

（三）单项选择题

1. 在计算应纳资源税税额时，因无法准确掌握纳税人销量或自用量的，以其(　　)为课税数量。

A. 销量的估计量　　B. 税务机关的核定数量

C. 实际产量　　D. 由产量折合的销售量

2. 纳税人以自产的液体盐加工成固体盐销售的，以(　　)为课税数量。

A. 固体盐的销售量　　B. 液体盐的销售量

C. 固体盐的产量　　D. 液体盐的产量

3. 资源税纳税人采取分期收款结算方式销售应税产品，其纳税义务发生时间为(　　)当天。

A. 收讫销售款　　B. 发出产品

C. 移送使用　　D. 销售合同规定的收款日期

4. 税法规定，纳税人应纳的资源税，向(　　)税务机关缴纳。

A. 纳税人机构所在地　　B. 应税产品的开采或生产所在地

C. 纳税人注册地　　D. 纳税人核算地

5. 下列不属于农用耕地的是(　　)。

A. 前3年内曾用于种植农作物的土地　　B. 鱼塘

C. 农民的宅基地　　D. 菜地

6. 耕地占用税税法规定：对单位或者个人获准征用或占用耕地超过两年不使用的，按规定税额加征(　　)倍以下耕地占用税。

A. 2　　B. 3

C. 4　　D. 5

7. 在计算土地增值税时，扣除项目中的其他房产开发费用一项按取得土地使用权支付金额和房地产开发成本的(　　)以内计算扣除。

A. 5%　　B. 10%

C. 15%　　D. 20%

8. 房产税按(　　)征收，分期缴纳。

A. 年　　B. 月

C. 季　　D. 日

9. 在计算契税时，国有土地使用权出让、土地使用权出售、房屋买卖，以(　　)为计税依据。

A. 房屋原值　　B. 成交价格

C. 房屋余值　　D. 房屋评估值

10. 城市维护建设税的支出具体安排由(　　)确定。

A. 财政部　　B. 全国人大

C. 地方政府　　D. 地方人大

11. 税法规定，一份凭证应纳印花税税额超过(　　)元的，应向当地税务机关申请填写缴款书或者完税证，将其中一联粘贴在凭证上加注完税标记代替贴花。

A. 100　　B. 200

C. 500　　D. 1000

12. 税法规定外资企业和中外合资企业不征收车船使用税，仍按原规定征收(　　)。

A. 车船使用牌照税　　B. 车船牌照使用税

C. 车船税　　D. 车船使用税

(四) 多项选择题

1. 我国现行资源税征税范围只限于(　　)资源。

A. 矿产　　B. 森林

C. 土地　　D. 水

E. 盐

2. 下列土地中属于农用耕地的有(　　)。

A. 前5年内曾用于种植农作物的土地　　B. 鱼塘

C. 农民的宅基地　　D. 菜园

E. 果园

3. 下列矿产中属于资源税征税范围的有(　　)。

A. 原油　　B. 天然气

C. 土地资源　　D. 湖盐原盐

E. 井矿盐

4. 在土地增值税的征税范围中所谓的地上建筑物和其他附着物包括(　　)。

A. 建筑物　　B. 构筑物

C. 地上、地下的各种附属设施　　D. 不能移动的种植物、养殖物

E. 可移动的房屋

5. 在土地增值税规定中增值额具体扣除项目包括(　　)。

A. 取得土地使用权所支付的金额　　B. 土地征用及拆迁补偿费

C. 前期工程费　　D. 建筑安装工程费

E. 基础设施费

6. 房产税的计税依据有(　　)。

A. 房产价值　　B. 房产余值

C. 房租收入　　D. 房产出让价值

E. 房产出典收入

7. 契税的征收机关为土地、房屋所在地的(　　)。

A. 地方税务机关　　B. 财政机关

C. 土地管理部门　　D. 房产管理部门

E. 公证部门

8. 房产税是对城镇、工矿区的房产，向(　　)征收的一种税。

A. 居住人　　B. 承租人

C. 所有权人　　D. 出典人

E. 承典人

9. 应缴纳印花税的权利、许可证照包括(　　)。

A. 房屋产权证　　B. 工商营业执照

C. 投资许可证　　D. 专利证

E. 土地使用证

10. 财产所有人将财产无偿赠给(　　)所立的书据免纳印花税。

A. 政府　　B. 国有企业

C. 社会福利单位　　D. 医院

E. 学校

（五）判断题

1. 我国现行资源税属于一般资源税，主要是调节矿产及盐资源的一般收入。（　　）

2. 盐既纳入了资源税的征收范围内，又纳入了增值税的征收范围。（　　）

3. 纳税人以自产原煤连续加工洗煤、选煤或用于炼焦、发电、机车及生活等用煤，均免征资源税。（　　）

4. 耕地占用税的征税对象是指占用耕地建房和从事其他非农业建设的单位或个人。（　　）

5. 纳税人开采或者生产应纳资源税产品销售的，以开采或生产数量为课税数量。（　　）

6. 开采原油过程中用于加热修井的原油免税。（　　）

7. 土地增值税是对转让我国国有土地使用权及地上建筑物等产权的单位和个人征收的一种税。（　　）

8. 我国税法规定外商投资企业不缴纳耕地占用税。（　　）

9. 房产税的征税范围不包括农村。（　　）

10. 个人所有非营业用的房产免税。（　　）

11. 国家机关、人民团体、军队以及由国家财政部门拨付事业经费的单位的房产免税。（ ）

12. 国家机关、事业单位、社会团体、军事单位承受土地、房屋的免征契税。（ ）

13. 车船使用税的纳税人包括在我国境内拥有并且使用车船的所有单位和个人。（ ）

14. 契税纳税人应当自纳税义务发生之日起 15 日内，向土地、房屋所在地的契税征收机关办理纳税申报，并在契税征收机关核定的期限内缴纳税款。（ ）

15. 在计算契税时，土地使用权赠与、房屋赠与的计税依据为市场价格，其市场价格由征收机关参照土地使用权出售、房屋买卖的市场价格核定。（ ）

16. 中外合资企业、中外合作企业、外资企业、外国公司企业免征印花税。（ ）

17. 对在我国境外书立、领受但在我国境内使用的凭证，在中国境内具有法律效力，受中国法律保护，也是印花税的征税范围。（ ）

18. 同一种类应纳税凭证，需频繁贴花的，应向当地税务机关申请按期汇总缴纳印花税。汇总缴纳期限最长不得超过半个月。（ ）

19. 海关对出口产品代征的消费税、增值税，不征收城市维护建设税。（ ）

20. 印花税票票面金额以人民币为单位，分为壹元、贰元、伍元、拾元、伍拾元、壹佰元六种。（ ）

（六）问答题

1. 简述资源税的作用。

2. 简述开征耕地占用税的意义。

3. 在土地增值税的规定中，增值额的具体扣除项目包括哪些内容？

4. 印花税的征税范围包括哪些内容？

四、实训题

［实训 1］

实训目的： 计算资源税应纳税额。

案情说明： 某企业为增值税一般纳税人，2019 年 12 月生产经营情况如下：

（1）专门开采的天然气 45000 千立方米，开采原煤 450 万吨，采煤过程中生产天然气 2800 千立方米。

（2）销售原煤 280 万吨，取得不含税销售额 22400 万元。

（3）以原煤直接加工洗煤 110 万吨，对外销售 90 万吨，取得不含税销售额 15840 万元。

（4）企业职工食堂和供热等用原煤 2500 吨。

（5）销售天然气 37000 千立方米（含采煤过程中生产的 2000 千立方米），取得不含税销售额 6660 万元。

（6）购入采煤用原材料和低值易耗品，取得增值税专用发票，注明支付货款 7000 万元、增值税税额 1190 万元。支付购原材料运输费 200 万元，取得运输公司开具的普通发票，原材料和低值易耗品验收入库。

（7）购进采煤机械设备 10 台，取得增值税专用发票，注明每台设备支付货款 25 万元、增值税 4.25 万元，已全部投入使用。

已知：资源税单位税额，原煤 3 元/吨，天然气 8 元/千立方米；洗煤与原煤的选矿比为 60%。

实训要求：计算该企业 2019 年 12 月应缴纳的资源税和增值税。

[**实训 2**]

实训目的：土地增值税应纳税额计算。

案情说明：某市一家房地产开发公司与某外商投资企业签订售房合同，将一幢房屋售给该外商投资企业，取得收入 4000 万元。双方另签订补充协议，由外商投资企业以一块土地使用权作价 1000 万元交给房地产开发公司，以弥补房款不足部分。该栋房屋的开发成本为 2000 万元，支付土地出让金及相关费用共计 1000 万元，其利息支出不能准确分摊。交易发生后缴纳了有关税费。外商投资企业取得土地使用权时所支付的金额为 500 万元，并缴纳了契税，该块土地尚未开发即转让给该房地产开发公司。该地区规定的房地产开发费用的扣除比例为 10%，城建税税率为 7%，教育费附加为 3%，印花税税率为 0.5‰。

实训要求：计算双方单位应缴纳的土地增值税。

［实训3］

实训目的：城镇土地使用税应纳税额计算。

案情说明：某企业位于某市区内，其生产经营用地10000平方米，其中幼儿园占地1000平方米，厂区绿化占地2000平方米，该土地为一级土地，城镇土地使用税的单位税额为7元/平方米。2019年1月1日又受让面积5000平方米的土地使用权，该土地为二级土地，城镇土地使用税的单位税额为5元/平方米。企业按年计算、按半年预缴城镇土地使用税。

实训要求：计算该企业2019年7月至12月的城镇土地使用税税额。

［实训4］

实训目的：印花税应纳税额计算。

案情说明：某企业2019年1月，由于丢失重新换发《营业执照》《税务登记证》《开户许可证》；年检换发《房产证》《土地使用证》；上年计提资本公积200万元，盈余公积100万元，新设其他账簿10本；订立借款合同一份，贷款500万元，应付利息50万元，投财产保险一份1000万元，交纳保险费4万元。

实训要求：计算该企业应纳印花税税额。

［实训 5］

实训目的：练习契税应纳税额计算。

案情说明：某企业 2019 年发生下列房产交易业务：出售土地使用权，取得收入 6000 万元；购买房屋一栋，成交价格为 800 万元；受赠房屋一栋，有权威评估机构的评估价格为 600 万元；以出让方式取得土地，按规定缴纳的全部费用为 600 万元；与另一企业交换房屋，作价 1000 万元，等价交换。

实训要求：计算该企业应纳契税税额。

［实训 6］

实训目的：练习房产税应纳税额计算。

案情说明：位于市区的某工业企业有生产经营用厂房 2000 平方米，原值 240 万元。另有临街门店 200 平方米出租，年租金收入 55000 元。计算房产余值的扣除比例为 30%。

实训要求：计算该企业应缴房产税税额。

第九章

税收征收管理

一、重点、难点

（一）本章重点

税务登记、法律责任、税务行政复议和税务行政诉讼。

（二）本章难点

纳税申报、税款的征收与缴纳。

二、学习要求和注意事项

税收征收管理是税务管理的核心。学生要形成运用税务管理的方法和手段处理税收征管实际业务的能力，强化依法纳税和履行税收权利、义务的意识。

本章按照纳税程序分为七个小节，包括税务登记、账簿凭证管理、纳税申报、税款的征收与缴纳、法律责任、税务行政复议和诉讼、税务代理等内容。

根据税法的功能作用的不同，可将税法分为：税收实体法、税收程序法、税收处罚法和税务行政法。其中，税收实体法作为税法的核心部分，在本教材的第六章至第八章已作详尽讲解，本章主要介绍税收程序法、税收处罚法和税收争讼法等相关内容。

税收程序法是税收实体法的对称，是以国家税收活动中所发生的程序关系为调整对象，规定国家征税权行使程序和纳税人纳税义务履行程序的法律规范的总称。税收程序法是现行税法体系的基本组成部分，其内容主要包括税收确定程序、税收征收程序和税收检查程序。

本章内容的实务操作性较强，建议教与学过程中阅读并填制一些相关的表证，如：税务登记（包括开业、注册、变更、注销登记）表、发票领购申请审批表、税收缴款书（包括通用和专用缴款书）、税收（出口货物专用）缴款书、纳税定额申请核定表、代扣代缴税款凭证、退税申请表、增值税一般纳税人申请审核表，以及填开发票，等等。

（一）税务登记

税务登记是本章的重点。首先要正确理解税务登记的意义，对于纳税人来说，进行税务登记意味着必须接受税务机关的监督管理，同时取得了合法的地位，享有依法获得税务服务、领购发票、行政复议、减免退税的权利。

税务登记的主要内容一般包括：开业税务登记，变更税务登记，注销税务登记和歇业停业税务登记，非正常户处理，以及验证、换证等。

应注意，纳税人在办理税务登记后，如发生下列变化的，应从发生之日起30日内持有关证件和批准文件到当地税务机关重新办理开业登记，而不是变更登记：

（1）在生产经营过程中转营其他行业；

（2）在生产经营过程中改组；

（3）在生产经营过程中分设机构；

（4）纳税人发生合并；

（5）在生产经营过程中由于联营而成立新的单位；

（6）由于改变经营地点等，而需要改变主管税务机关，需要在原登记机关办理注销税务登记，到新主管税务机关办理开业登记。

（二）账簿、凭证管理和发票管理

这里所说的账簿、凭证是指纳税人进行生产经营管理中发生的原始凭证和记账凭证，不包括税务机关向纳税人征收税款或纳税人向国家金库缴纳税款所使用的专用凭证，如税收完税凭证、税收专用或通用缴款书、专用扣税凭证、税票调换证等。

纳税人凭证、账簿管理主要涉及三件事：

（1）按有关规定建账（包括建账范围和时间要求）。

（2）建立备案制度，即纳税人的财务、会计制度或者财务、会计处理办法和会计核算软件，应当报送主管税务机关备案。

（3）保管好会计档案。发票的管理是个重点。首先要明确发票由各级税务机关统一管理。发票管理就是税务机关依法对发票印制、领购、开具、取得、保管、缴销的全过程进行组织、协调、监督等各项活动。其中，与纳税人关系最密切的是领购、开具、保管、缴销，以及发票管理的罚则。

（三）纳税申报

纳税申报是本章的重点。实行纳税申报，是征纳双方的共同需要。对纳税人来说，纳税申报是纳税人依照法律、行政法规规定履行申报义务的手续，是对申报内容的真实程度承担法律责任的书面证明；对税务机关来说，纳税申报是基层税务机关办理征收业务，核定应征税款，开具完税凭证的主要依据。以国家法律的形式确立纳税申报制度，明确了征纳双方的税收法律责任，从而为推行科学新型的税收征管模式实现纳税人自觉如实申报纳税，提供了法律保障。

办理纳税申报的有关规定，应掌握：

（1）纳税申报的期限。《税收征管法》规定纳税人和扣缴义务人都必须按照法定的期限办理纳税申报。申报期限有两种：一是法律、行政法规明确规定的；二是税务机关按照法律、行政法规的原则规定，结合纳税人生产经营的实际情况及其所应缴纳的税种等相关问题予以确定的。

（2）纳税申报的方法。目前主要有三种方法：

一是自行申报。纳税人自行纳税申报，是当前税收征管改革的目标之一，是新的征管模式的基础和首要环节，有利于培养纳税人主动纳税的意识。现行《刑法》规定：税务机关通知申报而拒不申报或进行虚假纳税申报，致使不缴或少缴应纳税款的行为，列为偷税行为之一。学习中须加深对纳税申报重要性的认识。

二是邮寄申报。纳税人到主管税务机关办理纳税申报有困难的，经税务机关批准，可以采取邮寄申报的方式，将纳税申报表及其有关的纳税资料通过邮局寄送主管税务机关。邮寄申报的，以邮出地邮戳日期为实际申报日期。

三是代理申报。纳税人、扣缴义务人自行申报有困难，或者是由于其他方面原因的考虑，可委托税务代理人办理纳税申报。

（四）税款的征收和缴纳

税款的征收和缴纳是本章的重点，应掌握以下内容：

1. 税款的征收

税务机关依法征收税款，不得违法开征、停征、多征或少征税款。规定由税务机关组织征收的税款、滞纳金、罚款，一律由税务机关征收入库。

（1）税款征收方式。税务机关可以采取查账征收、查定征收、查验征收、定期定额征收、代征、代收、代扣等方式征收税款。

（2）应纳税款的核定。纳税人有下列情形之一的，税务机关有权采取某种方式核定其应纳税额：依照规定可以不设账簿的；依照规定应当设置但未设账簿的；虽设置账簿，但账簿混乱、资料不全，难以查账的；发生纳税义务，未按照规定的期限办理纳税申报，经税务机关限期责令申报，逾期仍不申报的。

2. 税款的缴纳

（1）纳税办法。纳税人、扣缴义务人应按照法律、行政法规或税务机关确定的期限，以人民币为计算单位，缴纳或解缴税款。扣缴义务人依法履行代扣代收税款义务时，纳税人不得拒绝，否则，扣缴义务人应及时报告税务机关处理。纳税人因有特殊困难，不能按期缴纳税款的，经县以上税务局批准，可以适当延长缴款期限；纳税人不按规定期限缴纳或解缴税款的，除责令限期缴纳外，从缴款期限届满之次日起到缴纳税款的当日止加收滞纳金。滞纳金是税务机关对欠税者所征的一种罚金，其计算是从滞纳之日起，按日加收所欠税款的2‰。计算公式为：滞纳金 = 所欠税款 × 滞纳金比率 × 滞纳天数。

（2）退补税办法。纳税人超过应纳税款缴纳的税款，税务机关发现后应当立即退还。纳税人自结算缴纳税款之日起 3 年内发现的，可以要求退还，税务机关查实后应立即退还。因税务机关责任致使纳税人未缴或少缴税款的，税务机关在 3 年内可以要求补缴，但不得加收滞纳金。因纳税人计算错误等失误，未缴或少缴税款的，税务机关在 3 年内可以追征，特殊情况可以延长 10 年。

（3）减税免税。纳税人可以依照法律、行政法规的规定向税务机关书面申请减税免税，并填写减免税申请报告表。减税免税的申请须经法律、行政法规规定的减免税审查批准机关审批，其他机关擅自作出的减免税决定无效。申请人在待批期间，应按照规定期限缴纳税款，减免税获得批准后，再依据批复文件申请办理退税。

3. 税收保全

税收保全措施是税务机关为防止纳税人逃避纳税义务，转移、隐匿财产、收入，在纳税期满前依法采取的防范税收流失的措施。应了解和掌握：

（1）税收的保全条件。采取税收保全措施，必须符合两个条件：一是从事生产、经营的纳税人有逃避纳税义务行为的，税务机关可以在规定的纳税期前，责令限期缴纳应纳税款；二是在期限内发现纳税人有明显的转移、隐匿其应纳税的商品、货物以及其他财产或者应纳税的收入的迹象的，税务机关可以责成纳税人提供纳税担保。如果纳税人不能提供纳税担保，经县以上税务局（分局）局长批准，税务机关可以采取适当的保全措施。

（2）税收保全措施。税收保全措施主要有：一是书面通知纳税人开户银行或者其他金融机构，暂停支付纳税人的金额相当于应纳税款的存款；二是在纳税人没有存款或税务机关无法掌握其存款的情况下，可以扣押、查封纳税人的价值相当于应纳税款的商品、货物或者其他财产。

（五）法律责任

法律责任是本章的重点内容，应明确违反税收法规的不同行为及征纳双方必须承担的法律责任和法律后果。

法律责任与法律制裁相联系，违法行为是法律责任的前提，法律制裁是法律责任的必然结果。按照违法的性质、程度不同，法律责任可以分为刑事责任、行政责任和民事责任，法律制裁相应分为刑事制裁、行政制裁（行政处罚、处分）和民事制裁。

（六）税务行政复议和诉讼

1. 税务行政复议

税务行政复议，从纳税人的角度主要掌握：哪些税务行政争议可提请复议，向谁提请复议，申请复议人应具备什么条件，以及对复议机关裁决不服又怎么办等。

（1）复议的范围。概括来说，所有属于税务行政的争议，都可以提请复议。有税务机关的征税决定的必须先行复议（必经复议），其他方面的税务争议，也可以不经过复议就直接向人民法院起诉。凡先经过税务复议的，它与税务诉讼则具有承接关系。

（2）复议的管辖。一般来说，对税务机关具体行政行为不服，都可以向其上一级税务机关提请复议。这上一级税务机关即是复议机关，具体有五种情况。

（3）复议的申请。主要包括申请的条件和申请的方式两项内容。申请复议条件，教材中列举了八项，其中要特别注意两点：

一是凡属必经复议范围的争议，当事人请求复议权利的取得须基于按期缴纳税务机关确定的税额或解缴税款和滞纳金。这可称之为现行给付原则。否则，就无权提请复议。而未经税务复议，法院也不予受理。这样当事人的合法权益即使受损，也不可能得到纠正和补偿。

二是当事人申请复议的权利，必须在规定的时间范围行使才有效，超过法定期限，视为当事人默认放弃了复议权。

（4）对复议机关的裁决不服的，有这样两种情形：

一是对复议机关不予受理的裁决不服的，可在收到裁决书之日起 15 日内，就复议机关不予受理裁决本身向法院起诉。

二是对复议机关经过审理后作出的复议决定不服，可在接到复议决定之日起 15 日内向法院起诉。申请人逾期不起诉又不履行复议决定的，将被强制执行。

2. 税务行政诉讼

作为纳税人，主要掌握在什么情况下可以提起诉讼。首先，起诉的内容属于税务行政诉讼受案范围；其次，在规定的时限内提起诉讼，具体有四种情形。

对人民法院已经发生法律效力的税务行政诉讼案件，当事人必须履行。公民、法人和其他组织拒绝履行判决、裁定的，人民法院可以依法强制执行。

此外，纳税人、扣缴义务人可以委托税务代理人办理税务事宜。

（七）税务代理

本节主要掌握代理的业务范围及代理人的权利和义务。

三、同步练习

（一）名词解释

1. 税务代理

2. 纳税担保人

3. 税务行政诉讼

4. 税务行政复议

（二）填空题

1. ________是税务管理的核心。

2. 从事生产经营的纳税人自领取营业执照________日内，持有关证件，向税务机关申报办理税务登记。

3. ________是我国税收管理史上第一部具有法律性质的征管程序法。

4. 我国税务机构分设两套机构：________和________。

5. 凭证是记载经济业务，明确经济责任的书面证明，具体包括________和________。

6. 我国税务代理应遵循的基本原则是：________、________、________和________。

7. 税务行政复议机关在收到复议申请之日起________日内，须对复议申请作出处理。

8. 申请人对复议机关作出不予受理的裁决不服的，可自收到裁决书之日起__________日内，就复议机关不予受理的裁决本身向人民法院起诉。

9. 税务诉讼代理人可具体分为三种：________________、________________和________________。

10. 税务行政复议的复议参与人包括：________________、________________和________________。

（三）单项选择题

1.《税收征管法》属于(　　)。

A. 税收程序法　　B. 税收实体法

C. 税收管理法　　D. 税收征收法

2. 非从事生产经营的单位，应当自依照税收法律、行政法规的规定成为法定纳税人之日起(　　)日内，向所在地主管税务机关申报办理注册税务登记。

A. 30　　B. 10

C. 20　　D. 15

3. 税收工作最主要的任务是(　　)。

A. 税务登记　　B. 税款的征收

C. 账簿管理　　D. 纳税申报

4. 被吊销营业执照的纳税人，应当于被吊销之日起(　　)日内向主管税务机关申报办理注销税务登记。

A. 10　　B. 15

C. 20　　D. 30

5. 纳税人超过应纳税额缴纳的税款，纳税人于结算缴纳税款之日起(　　)发现的，可以要求退还。

A. 3 年内　　B. 5 年内

C. 7 年内　　D. 10 年内

6. 纳税人同税务机关在纳税上发生争议时，可以在收到税务机关填发的缴纳凭证之日起(　　)日内向上一级税务机关申请复议。

A. 10　　B. 20

C. 30　　D. 60

7. 纳税人欠缴应纳税款，采取转移或隐匿的手段，致使税务机关无法追缴税款，数额在(　　)元以上的，除税务机关追缴的税款外，移送司法机关处理。

A. 1000　　B. 2000

C. 5000　　D. 1 万

8. 偷税数额不满 1 万元或者数额占应纳税额不到 10% 的，由税务机关处以(　　)的罚款。

A. 2 倍以下　　B. 3 倍以下

C. 5 倍以下　　D. 10 倍以下

9. 税务人员利用职务上的便利，收受或者索取纳税人、扣缴义务人财物，构成犯罪的，按照受贿罪追究(　　)责任。

A. 刑事　　B. 行政

C. 民事　　D. 连带

10. 申请人对税务机关的具体行政行为不服申请复议的，该税务机关应该是(　　)。

A. 被申请人　　B. 申请人

C. 代理人　　D. 第三人

11. 下列由税务机关征收，但不适用《税收征管法》，不能采取征管法规定的措施的是(　　)。

A. 土地使用税　　B. 消费税

C. 企业所得税　　D. 教育费附加

12. 纳税人的账簿、记账凭证、完税凭证及其他有关资料除另有规定外，应当保存(　　)。

A. 1 年　　B. 2 年

C. 5 年　　D. 10 年

13. 查定征收一般适用于(　　)。

A. 经营品种比较单一，经营地点、时间和商品来源不固定的纳税单位

B. 无完整考核依据的小型纳税单位

C. 小额、零散税源的征收

D. 账册不够健全，但是能够控制原材料或进销货的纳税单位

14. 纳税人(　　)的，税务机关有权核定其应纳税额。

A. 未办理税务登记，经税务机关责令限期改正仍未改正

B. 拒不提供纳税资料

C. 发生纳税义务，未按照规定的期限办理纳税申报

D. 申报的计税依据明显偏低，又无正当理由

15. 纳税人享受减税、免税的条件发生变化时，不及时向税务机关报告的，又不再符合减税、免税条件的，税务机关有权(　　)。

A. 追回已减免的税款

B. 对纳税人处以减免税款的 50% 以上 1 倍以下的罚款

C. 停止向纳税人半年以下的发票供应

D. 对纳税人处以减免税款 1 倍以上 3 倍以下的罚款

16. 抗税罪的犯罪主体只能是(　　)。

A. 自然人　　B. 公司

C. 事业单位　　D. 社会团体

17. 某纳税人有意隐瞒收入，造成少缴税款 20 万元，税务机关对其处理为(　　)。

A. 3 年内可以要求补征　　B. 3 年内可以追征

C. 无限期追征　　D. 3 年至 10 年内追征

18. 偷税数额占应纳税额的(　　)以上并且偷税数额在 10 万元以上，处 3 年以上 7 年以下有期徒刑，并处偷税数额 1 倍以上 5 倍以下的罚金。

A. 10%　　B. 15%

C. 20%　　D. 30%

19. 纳税人自结算缴纳税款之日起(　　)内发现多缴税款的，可以向税务机关要求退还多缴的税款并加算银行同期存款利息，税务机关及时查实后应当立即退还。

A. 1 年　　B. 3 年

C. 5 年　　D. 7 年

20. (　　)不是逃避追缴欠税罪的构成标准。

A. 有欠税的事实存在

B. 行为人为了不缴纳欠缴的税款实施了转移或隐匿财产的行为

C. 由于行为人转移或隐匿财产致使税务机关无法追缴到欠缴的税款

D. 欠税数额达到 3 万元以上

(四) 多项选择题

1. 税务登记包括(　　)。

A. 注册登记　　B. 开业登记

C. 变更登记　　D. 纳税登记

E. 扣缴税款登记

2. 纳税申报的内容包括(　　)等。

A. 税种　　B. 应税项目

C. 适用税率　　D. 扣除项目及标准

E. 应纳税额

3. 税款征收是(　　)等税务工作的目的和归宿。

A. 税务登记　　B. 账簿管理

C. 纳税申报　　D. 税务稽查

E. 法规制定

4. 虚开增值税专用发票的税务人员应负的法律责任为(　　)。

A. 处 3 年以下有期徒刑　　B. 拘役

C. 处 3 年以上有期徒刑　　D. 2 万元以上 20 万元以下罚金

E. 4 万元以上 10 万元以下罚金

5. 税务行政复议申请书应当载明的内容包括(　　)。

A. 申请人的姓名、性别、年龄、住址　　B. 被申请人的名称、地址

C. 申请复议的要求和理由　　D. 提出复议申请的日期

E. 第三人姓名

6. 税务机关的征税行为包括(　　)。

A. 征收税款　　B. 加收滞纳金

C. 审批减免税　　D. 卫生检验

E. 检查营销情况

7. 下列属于征管法遵守主体的有(　　)。

A. 外国政府举办的在中国境内提供应税劳务的企业

B. 国务院税收主管部门

C. 地方各级人民政府

D. 法律、行政法规规定负有支持、协助税务机关依法执行职务的有关部门

8. 下列属于变更登记的有(　　)。

A. 改变生产经营期限

B. 纳税人住所迁移而脱离原主管税务机关的辖区

C. 增减注册资本

D. 改变隶属关系

9. 下列资料中不得伪造、变造或者擅自损毁的有(　　)。

A. 账簿　　B. 记账凭证

C. 完税凭证　　D. 其他有关资料

10. 下列可以作为纳税担保人的有(　　)。

A. 我国县级人民政府　　B. 境外某国工会

C. 中国境内具有担保能力的公民　　D. 我国境内的外商投资企业

11. 下列不属于税收保全措施实施要件的项目有(　　)。

A. 纳税人能够提供纳税担保

B. 适用于一切税收管理相对人

C. 在规定的纳税期之前和责令限期缴纳的期限内

D. 须经省级税务机关批准执行

12. 税务机关可以采取的强制执行措施包括(　　)。

A. 书面通知纳税人开户银行或者其他金融机构冻结纳税人的账户

B. 书面通知其开户银行或者其他金融机构从其存款中扣缴税款

C. 扣押、查封纳税人的价值相当于应纳税款的商品、货物或者其他财产

D. 扣押、查封、依法拍卖或者变卖其价值相当于应纳税款的商品、货物或者其他财产，以拍卖或者变卖所得抵缴税款

13. 纳税人因有特殊困难，需要延期纳税的，必须经(　　)批准。

A. 省级人民政府　　B. 省级国家税务局

C. 省级地方税务局　　D. 县以上税务局（分局）

14. 下列属于虚开增值税专用发票的行为有(　　)。

A. 为与自己没有直接购销关系的他人开具专用发票

B. 没有任何交易情况下，要求他人为自己开具专用发票

C. 购销活动中介绍他人开具金额与实际不符的专用发票

D. 没有任何交易情况下，为自己开具专用发票

15. 纳税人发生偷税行为，在(　　)情形之下，应处以3年以下有期徒刑或者拘役，并处偷税数额1倍以上5倍以下罚金。

A. 偷税数额占应纳税额的10%以上不满30%

B. 因偷税被税务机关给予2次行政处罚又偷税的

C. 偷税数额占应纳税额的30%以上并且偷税数额在10万元以上的

D. 偷税数额占应纳税额的10%以上不满30%并且偷税数额在1万元以上不满10万元

16. 税务行政处罚的种类主要有(　　)。

A. 罚款　　B. 没收非法所得

C. 停止出口退税权　　D. 收缴发票和暂停供应发票

17. 税务行政处罚的设定机关有(　　)。

A. 全国人大及其常委会　　B. 国务院

C. 国家税务总局　　D. 地方人大及地方政府

18. 下列属于我国税务行政处罚简易程序的条件有(　　)。

A. 案情简单　　B. 事实清楚

C. 违法后果比较轻微　　D. 有法定依据

19. 纳税人对税务机关作出的(　　)行为不服，可申请复议或直接诉讼。

A. 不予核准延期纳税

B. 加收滞纳金

C. 税务行政处罚

D. 未及时解除税收保全而使纳税人合法权益遭受损失

20. 人民法院审理行政案件实行(　　)的审判制度。

A. 合议　　B. 回避

C. 开庭审判　　D. 两审终审

(五) 判断题

1. 征收管理是税务管理体制的核心。(　　)

2. 纳税登记就是税务登记。(　　)

3. 纳税人在规定确定纳税期内如无应税收入、所得及其他项目，可不办理纳税申报。(　　)

4. 纳税人对税务行政复议决定不服的，可以向上级税务机关起诉。(　　)

5. 对税务机关的具体行政行为不服申请复议，由其上一级税务机关管辖。(　　)

6. 对复议机关已受理的案件，在法定复议期限内，申请人可向人民法院起诉。(　　)

7. 税务机关行政处罚显失公平的，也不可判决变更。(　　)

8. 人民法院审理税务行政案件，实行合议、回避、公开审判和两审终审制度。(　　)

9. 纳税人、扣缴义务人、纳税担保人同税务机关在纳税上发生争议时，必须先依照税务机关根据法律、行政法规确定的税额缴纳或者解缴税款及滞纳金，然后向上一级税务机关申请复议。(　　)

10. 纳税人在限期内已纳税款，税务机关未立即解除税收保全措施，使纳税人的合法利益遭受损失，税务机关可不承担赔偿责任。(　　)

(六) 问答题

1. 税务登记包括哪些内容？纳税人办理税务登记应提供哪些证件和资料？

2. 简述税收保全的概念、条件和措施。

3. 申请税务行政复议应当符合哪些条件？

4. 税务机关作出的行政处罚行为有哪些？

5. 纳税人偷税应负哪些法律责任？

6. 简述税款征收的方式。

四、实训题

[实训1]

实训目的： 熟悉发票管理。

案情说明： 2019年6月，某县税务机关对一商场1～5月份增值税专用发票的使用和管理情况进行了检查，经核实的发票违章问题有：

（1）4月份以分期收款结算方式销售商品一批，销售合同约定在4月底和5月底分两次等额付款，4月份发出商品时，开具全额专用发票给对方，价税合计60000元。

（2）销售商品一批，开具给购货方的专用发票的发票联和抵扣联反映的价款为 20000 元，而其存根联和记账联反映的价款为 800 元。

（3）为他人代开发票 3 份，取得“开票费”20000 元。

（4）应购货方要求，在开具专用发票时，将货物名称“消费品”更改为“原、辅材料”，使得对方少缴增值税、所得税等税 50000 元。

（5）在本商场购进一批商品未能取得进项增值税专用发票的情况下，以现金 8000 元从某商贸公司购买 2 份专用发票，作为本单位进项发票入账，价税合计金额 234000 元。

（6）外购商品取得的专用发票，其税款抵扣联未按税务机关的要求装订成册。

实训要求：请根据《发票管理办法》及其实施细则以及其他相关法规具体分析该商场存在的发票违章问题各属于什么行为？分别应如何处理？

［实训 2］

实训目的：熟悉与运用《税收征管法》。

案情说明：2018 年年底，李某与茂林木材公司签订承包该公司所属茂林木制品加工厂（增值税一般纳税人）生产经营的承包合同，承包期为 2019～2020 年，每年上交承包费为 240000 元。2020 年 1 月 4 日，该厂办理纳税申报，申报材料显示：该厂 2019 年度全年营业收入 4500000 元（其中，木材冲料加工费收入 800000 元，木制品来料加工业务加工费收入 1700000 元，自制木制品销售收入 2000000 元），计算抵扣增值税进项税额 665000 元，缴纳增值税 100000 元，城建税和教育费附加 10000 元，各项成本费用 4365000 元（其中包括李某每月领取的工资 500 元），申报缴纳企业所得税 41250 元。2020 年 1 月底，税务机关在对该厂进行税务检查时，发现并核实以下问题：

（1）9 月份为某学校加工课桌椅 500 套，加工完毕交付时，该学校共支付货款 128700 元，该厂按每套 100 元加工费计提增值税销项税款 8500 元，并作以下分录：借记银行存款 128700 元，贷记产品销售收入——工业性劳务收入 50000 元、贷记应交税金——应交增值税（销项税额）8500 元、贷记其他应付款 70200 元。经查没有委托加工合同，该厂受托加工来料备查簿也没有对方供料记录。

（2）茂林木材公司在该厂发生的木材冲料加工费全年共计 234000 元，双方协商直接冲减承包费，该厂未入收入账户，应交增值税明细账户也未有反映。

（3）多报职工人数，增加工资费用，共多报5人，每人每月500元。

（4）10月份购入木工机械一台，取得专用发票，增值税款4800元，当月已作进项税额抵扣。经检查确认，该厂及李某有未缴和少缴增值税、城建税和教育费附加、企业所得税及个人所得税的问题，须予以处理。

实训要求：请具体分析该厂纳税申报的错误所在，并依据《征管法》具体分析李某未缴个人所得税问题属于什么行为。

第十章

税收管理体制与分税制

一、重点、难点

（一）本章重点

税收管理体制的含义，我国税收管理权限在政府之间的划分。

（二）本章难点

我国分税制的基本内容。

二、学习要求和注意事项

税收管理体制是国家财政管理体制的重要组成部分。在一定的政治经济条件下，一个国家根据其具体的国情，科学合理地划分中央政府和地方政府在税收管理方面的权限，是一项重要的体制。所以，了解和掌握本章知识内容有着重要意义。

（一）税收管理体制

1. 税收管理体制的概念

税收管理体制是划分中央与地方税收管理权限的制度。它是国家税收制度的重要组成部分，也是国家财政管理体制的重要内容。税收管理权限包括建立税收制度的权限和执行税收制度的权限。这些权限主要包括以下五个方面：

（1）税收立法权：即制定和颁布税法的权限，如税收法律、条例、税则等基本法律、法规的制定和颁布。

（2）税收法律、法规的解释权：即对税收法律、法规内容的解释和制定实施细则的权限。

（3）税种的开征或停征权：即决定开征什么税种，停征什么税种，何时开征，何时停征的权限。

（4）税收的调整权：即对税目的增减和税率的调整权限。

（5）税收的加征和减免权：即制定对税收加征或减免的规定以及对纳税人依法加征和申请减免税的审批权限。

制定税收管理体制，划分上述五权的必要性在于正确处理税收管理上的集权与分权关系。在中央统一领导下，既要保持税法的统一性和严肃性，保证税收管理上必要的集中统一；又要使税法具有相对的灵活性，便于因地制宜，调动各级政权机关和税务部门的积极性，加强征收管理，共同搞好税收工作。

2. 我国现行税收管理体制的特点

在了解和掌握税收管理权限划分的基础上，归纳总结出我国税收管理体制具有如下几个特点：

第一，税收立法权全部集中在中央。

第二，行业性的减免税，较大范围内对某种产品的减免税，管理权限集中在中央。

第三，在某些情况下，对个别企业和个别企业生产的产品，地方拥有一定的减免税审批权。

第四，税收管理权限主要集中在中央和省两级。

（二）分税制

1. 分税制的概念

分税制全称“分税制财政体制”，是市场经济国家在中央政府与地方政府以及地方各级政府之间划分税收管理权限和税收收入的一项财政管理体制。

分税制是用划分各个税种归属和管理权的办法，适应各级政府财政需要的一种财政管理体制，是市场经济国家普遍实行的一种制度，它是按市场经济的原则和公共财政的理论确定的，是处理中央政府与地方政府之间财政分配关系的比较规范的办法。

2. 我国实行分税制的客观必然性

第一，原来各地区实行的各种形式的财政包干体制带有收入向地方倾斜的特征，国家财政收入尤其是中央财政收入缺乏严格的保障机制，造成了中央财政收入的严重流失。

第二，收支基数的核定，沿用了传统的基数法。这种办法保护了既得利益，加上各种不同的包干办法实际上存在的分配不公问题，进一步扩大了地方间的经济和社会发展差距。

第三，按企业隶属关系划分财政收入，既不利于政府职能的转变，减少对企业的行政干预，也不利于优化资源配置和合理地调整产业结构。地方收入包干，减弱了税收调节功能，容易助长重复建设和盲目建设，影响全国统一市场的形成。

第四，要理顺中央与地方的分配关系，必须实行科学规范的分税分级财政管理体制。

3. 实行分税制的优点

第一，有利于中央财政集中必要的财力。分税制改革后，消费税、增值税的75%，中央企业所得税等税种成为中央财政的固定收入，收入广泛而稳定，同时集中了减免税的权力，从而防止了税款的流失。这一切都必然使得中央财政收入的比重逐步提高，并最终达到一个比较合理的水平，为中央财政收入的稳定增长提供了坚实的基础。

第二，有利于加强中央政府对财政经济政策的调控能力。分税制改革后，中央政府的税收政策自成体系，与地方政府的税收体系基本形成互不交叉的格局，不再受地方政府利益行为的制约。这样，中央政府就将调整财政政策的主动权牢牢地握在手中，对避免和抑制周期性波动，促进我国经济的长期稳定和迅速增长，发挥着巨大的作用。

第三，有利于提高中央政府的转移支付能力。分税制改革后，不断增加的中央财力必然为中央政府的转移支付政策提供坚强的经济后盾。中央政府可以将一部分收入用于落后地区的合资事业、基础设施建设，从而促进落后地区的经济快速发展，逐步缩小地区间的经济发展差距，最终实现共同富裕，进而促进社会的安定团结，促进社会主义经济的健康发展。

（三）税收立法的原则、权限及程序

1. 税收立法的原则

税收立法原则是指在税收立法活动中必须遵循的准则。根据我国的社会性质和具体国情，税收立法主要应遵循以下几项原则：

（1）客观性。遵循客观性原则就是要求税收立法必须根据经济、政治发展的客观需要，反映客观规律，也就是必须考虑现实国情，从实际出发，充分尊重社会经济发展规律和税收分配理论；同时要求税收立法能够客观反映一定时期国家社会、政治、经济等方面的实际情况，反对教条主义，盲目照搬别国模式的“拿来主义”也不可取，但我们可以借鉴别国有益的经验以提高自己的立法水平。

（2）公平性。遵循公平性原则就是要求税收立法必须体现合理负担原则，即在税收负担的分配上，对于纳税人应当公平、合理。具体来说，首先，从负担能力方面看，负担能力大的，应当多纳税；负担能力小的，应当少纳税；没负担能力的，不纳税，这在所得税的征收上体现得尤为明显。其次，从客观经济条件方面看，对于纳税人由于自然条件优越而取得的超额收入或级差收入应多征税；对于那些由于客观条件差而在生产经营上有困难的，应少征税，以使企业的负担能力与一定的客观经济条件相适应。最后，从税负平衡看，不同地区、不同行业之间以及多种经济成分之间的实际税负必须尽可能公平，从而为参与市场竞争的微观主体创造一个公平竞争的环境。

（3）效率性。遵循效率性原则就是要求税收立法必须充分考虑以尽可能少的人力、物力、财力消耗取得尽可能多的税收收入，并通过税收分配活动促使资源（包括各种生产要素）更合理、更有效地配置。

（4）民主性。遵循民主性原则就是要求税收立法必须严格按照法定程序进行，确保税收法律能反映广大群众的共同意愿和根本利益。

（5）灵活性。税法作为国家法律体系的重要组成部分，要求立法明确、具体、严谨、周密，以体现税法的权威性和严肃性。但考虑到税法在具体实施过程中，全国各地区之间实施条件存在差异，以及社会、政治、经济等情况可能会发生变化等情况，为避免统一税法与客观现实脱节，增强税法的可操作性，就要求必须坚持原则性和灵活性相结合的原则。

（6）相对稳定性。遵循相对稳定性原则就是要求税法一经制定，在一定时期内必须保持其稳定性。但这种稳定性只是相对的，因为在与税法相适应的社会政治、经济状况发生变化的情况下，税法则必须进行相应的变革，比如：有的税法已过时，则需要废除；有的税法部分失去效力，则需要修订、补充；根据新的情况，则又需要制定新的税法。

2. 税收的立法权限

立法权是国家政治权力的核心内容之一。立法权限的划分是国家政治法律制度的重要组成部分。我国是统一的、多民族的、单一制的社会主义国家，对立法权限的划分，既不同于有些单一制国家那样强调中央立法集权，也不同于一些联邦制国家那样权力分散，而是以统一为前提，实行中央立法与地方立法相结合的立法体制。

根据我国《宪法》等有关法律规定，凡是属于税法方面的基本法律由享有立法权的专门立法机构——全国人民代表大会及其常务委员会制定；国务院及其所属各部委，有权根据宪法和法律制定行政法规和规章；财政部和国家税务总局根据法律和国务院的行政法规，颁布全国性的税收法规实施细则，发布税收指示，制定税收规章；省、自治区、直辖市人民代表大会及其常委会，在不与宪法、法律、行政法规相抵触的前提下，可以因地制宜地制定地方性税收法规，在其辖区内实施。

3. 税收的立法程序

税收立法程序是指有权的机关，在制定、认可、修改、补充、废止等税收立法活动中，必须遵循的法定步骤和方法。在税收立法实践中，其立法程序主要包括以下几个阶段：

（1）提议阶段。这是指被授予专门权限的机构和人员向有权制定、修改、废止税法的机关提出税收法律草案，或者提出关于制定新的税法、修改或废止现行税法的建议。立法机关将这些机构和人员提出的税法草案或建议列入议事日程，加以审查，做可能讨论的准备。

（2）审议阶段。立法机关对列入议事日程的税法草案正式进行审查讨论，包括征求有关单位或专家的意见，必要时可有组织地在全体公众或一定范围内讨论。税法草案在经过征求意见和组织公众讨论之后，一般还要经过有关工作部门（人大法制工作委员会）审查、修改和提交人民代表大会审议两个阶段。

（3）通过和公布阶段。税收行政法规，由国务院审议通过后，以国务院总理名义颁布实施。税收法律，在全国人民代表大会或其常务委员会开会期间，先听取国务院关于制定税法议案的说明，然后经过讨论，以简单多数的方式通过后，以国家主席名义颁布实施。

（四）税法的实施

税法的实施即税法的执行。由于我国现行税法体系中，各级国家机关的税收立法权不同，所制定颁布的税收法律、法规和规章的法律级次、效力也存在差别，因此在税法执行过程中，对其适用性或法律效力的判断上，一般遵循以下原则：①层次高的法律优于层次低的法律；②同一层次的法律中，特别法优于普通法；③国际法优于国内法；④实体法从旧，程序法从新。

税法的公布与税法的实施有着密切的联系，凡是未经公布的税法，均不能视为已经发生法律效力，即不能予以施行。公布的税法可以立即生效，也可以有一个生效期限。

三、同步练习

（一）名词解释

1. 税收管理体制

2. 税收立法权

3. 分税制

4. 税收执法权

（二）填空题

1. 根据分税制的规定，在界定中央政府、地方政府职能的基础上，以____________和____________的划分为依据，来确定中央政府和地方政府之间的财政分配关系。

2. 根据____________年国务院制定的分税制财政体制的规定，在中央财政和省级财政之间，实行分税制财政管理体制。

3. 税收管理的权限主要包括两大部分：____________和____________。

4. 税收立法权的划分有两种基本类型，即单一国家的____________与联邦制国家的____________。

5. ____________是制定税收管理体制的基本方针。

6. 分税制财政体制是按____________和____________理论确定的。

7. 在现行的财政体制下，____________是改革税收管理体制的核心。

（三）单项选择题

1. 税收管理体制是划分(　　)税收管理权限的基本制度。

A. 地方各级政府　　B. 中央与地方

C. 中央政府　　D. 政府与企业

2. 税收管理体制的核心内容是(　　)。

A. 划分税收管理权限　　B. 划分机构

C. 划分税种　　D. 划分区域

3. 我国建立税收管理体制的基本方针是(　　)。

A. 统一领导，分级管理　　B. 按收入归属划分税收管理权限

C. 有利于促进社会主义市场经济发展　　D. 责、权、利结合

4. 税收管理体制属于(　　)范畴。

A. 经济基础　　B. 上层建筑

C. 交换　　D. 生产

5. 在现行的财政体制下，(　　)是改革税收管理体制的核心。

A. 责、权、利结合　　B. 统一领导，分级管理

C. 税收管理权限的明确划分　　D. 有利于发展市场经济

6. 税收行政法规，由(　　)审议通过。

A. 国务院　　B. 全国人大

C. 财政部　　D. 国家税务总局

（四）多项选择题

1. 税收管理权限包括(　　)。

A. 税收立法权　　B. 税收法律法规的解释权

C. 税种的开停征权　　D. 税收的调整权

E. 税收的加征权和减免权

2. 实现责、权、利相结合的原则有利于(　　)。

A. 发挥中央和地方的积极性　　B. 调动各级政府当家理财的积极性

C. 组织分散财源　　D. 发展地方经济

E. 对国民经济的多层次调节

3. 税收管理体制该集中的权限包括(　　)。

A. 中央税种的立法权

B. 中央地方共享税种的解释权

C. 与当地经济发展密切相关税种的开征权

D. 与宏观经济周期关系紧密税种的减免管理权

E. 与宏观经济周期关系较小税种的减免管理权

4. 现行税收管理体制规定属于国务院管理权限的有(　　)。

A. 税收政策的制定或改变　　B. 税法的颁布和实施

C. 税种的开停征权　　D. 制定实施细则

E. 解释税法

5. 在划分事权的基础上分税，属于中央税收的有(　　)。

A. 关税　　B. 海关代征增值税

C. 消费税　　D. 金融企业所得税

E. 个人所得税

6. 税收管理体制也是(　　)的重要组成部分。

A. 经济管理体制　　B. 财政管理体制

C. 企业财务管理体制　　D. 金融管理体制

E. 外贸管理体制

（五）判断题

1. 税收管理体制是进行税款从征收到入库全过程的管理方法。　(　　)

2. 税收执法权属于一种财产权力。　(　　)

3. 国务院拟定有关税收条例，以草案形式发布试行，根据试行经验加以修订，报全国人大常委会审议。　(　　)

4. 根据我国《宪法》等有关法律规定，凡是属于税法方面的基本法律由国家税务总局制定。　(　　)

5. 税法一经公布必须立即生效。　(　　)

（六）问答题

1. 属于财政部的税收管理权限主要有哪些？

2. 试述各级政府之间为什么分税。

3. 税收执法权包括哪些内容？

4. 政府间分税应遵循哪些原则？